John Bradley
Alexander Kölbing

Richtig Golf

Technik, Taktik, Psyche

BLV Sportpraxis

BLV

CIP-Titelaufnahme der Deutschen Bibliothek

Bradley, John:
Richtig Golf: Technik, Taktik, Psyche /
John Bradley; Alexander Kölbing. –
München; Wien; Zürich: BLV, 1989
   (BLV Sportpraxis; 256)
   ISBN 3-405-13613-X
NE: Kölbing, Alexander:; GT

Bildverzeichnis
Alle Fotos von Jürgen Kemmler außer:
S. Engert: S. 2/3, 6/7, 11, 25, 67, 71, 77, 83,
89, 105, 115, 123, 126/127
A. Kölbing: 12, 16, 17, 18, 19, 20, 21, 22, 23,
35 o., 44, 53, 54 o., 58, 61 u., 86 u., 87 u.,
92 u., 109, 110, 112, 113, 116, 117 o.
Spalding Werksfoto: S. 62/63
Grafik: Egon Quitta
Titelbild: Alexander Kölbing
Rückseitenbild: Jürgen Kemmler

BLV Verlagsgesellschaft mbH
München Wien Zürich
8000 München 40

BLV Sportpraxis 256

© 1989 BLV Verlagsgesellschaft mbH,
München

Druck: Appl, Wemding
Bindung: Großbuchbinderei Monheim

Printed in Germany · ISBN 3-405-13613-X

Links:
John Bradley, Jahrgang 1959, ist seit 1976
Professional und Mitglied der Britischen PGA.
Obwohl sein Hauptaugenmerk stets auf den
Golf-Unterricht gerichtet war, hatte er den-
noch Zeit gefunden, mit Erfolg an der Nord-
englischen PGA-Tour teilzunehmen und sich
zweimal für europäische Großturniere zu
qualifizieren. Seit 1985 arbeitet er als Golf-
lehrer in Deutschland; seit 1988 ist er der
Head-Pro im Golfclub Hohenpähl, südlich von
München.

Rechts:
Dr. Alexander Kölbing, Jahrgang 1942, ist
von Beruf Fischereibiologe und arbeitet seit
1980 als Filmautor für den Bayerischen Rund-
funk. Als Folge intensiver Zusammenarbeit mit
John Bradley hat er sich so viel praktisches
und theoretisches Wissen angeeignet, daß
dieses Golfbuch realisiert werden konnte.

Inhalt

Für Jochen,
der viel zu jung aus unserer
Golfmitte gerissen wurde

Einleitung

Alles spricht vom Golfboom. Auch, daß dieser in der Bundesrepublik Deutschland durch die Spielerfolge Berhard Langers ausgelöst sei.

Das ist sicherlich einer der Gründe. Der entscheidende jedoch dürfte sein, daß sich die Lebensverhältnisse hierzulande »golfgünstig« entwickelt haben.

Wir haben mehr Freizeit »bei vollem Lohnausgleich«, ein wesentlich gesteigertes Gesundheits- und Körperbewußtsein sowie höhere ökologische Ansprüche an den Rahmen, in dem unsere Sport- und Freizeitaktivitäten ablaufen sollen – alles Voraussetzungen, die Golf in unserem Lande entschieden den Weg ebnen.

Golf weist in der Bundesrepublik Deutschland hohe Zuwachsraten auf.

Dennoch dürfte es viele erstaunen, daß bei uns lediglich 1% der Bevölkerung (über 14 Jahre) Golf spielt. Selbst eine relativ starke Zunahme der Clubmitglieder von ca. 32 000 im Jahre 1976 auf über 100 000 im Jahre 1988 macht sich in Relation zur Gesamtbevölkerung nur wenig bemerkbar. Doch die Zeiten könnten sich ändern. Umfragen haben ergeben, daß immerhin 8% der Deutschen gerne Golf spielen würden. Hier läßt sich mit Fug und Recht auf ein enormes Interessenpotential schließen, wenn auch hinsichtlich der Interessenbekundung und dem tatsächlichen Verhalten eine deutliche Diskrepanz unterstellt werden muß. Nicht Golf spielen damit zu rechtfertigen, daß man in keinem Club mehr Aufnahme fände, entspricht zumindest bundesweit gesehen nicht mehr den Tatsachen. 1988 gab es bei uns 240 Golfplätze und -clubs, wovon 107 noch aufnahmefähig waren (*Golf Magazin* 4/88). Es ist richtig, daß bei den traditionsreichen Clubs eine lange Schlange von Antragstellern vergebens um Aufnahme bittet. Die renommierten Clubs sind restlos überfüllt. Dafür aber stehen den Interessierten bei vielen neuen Anlagen die Türen weit offen, nicht zuletzt deshalb, weil vielerorts über Neumitglieder der Platz- und Clubhausbau finanziert wird. Bundesweit befinden sich derzeit schätzungsweise 50 Neuanlagen in Planung. Für die Genehmigungsverfahren wirkt sich

positiv aus, daß Golf vom Deutschen Städtetag als »öffentlich förderungswürdig« anerkannt wurde und auch, daß eine der agrarpolitischen Zielsetzungen die Stillegung landwirtschaftlicher Nutzflächen ist. Mit kontinuierlicher Zunahme der Golfanlagen in der Bundesrepublik ist also in Zukunft durchaus zu rechnen.

Golf besitzt anderen Sportarten gegenüber zwei unübersehbare Vorteile: Man kann es in jedem Alter und fast bei jeder Witterung spielen. Darauf wurde vor allem in der Vergangenheit besonders verwiesen, wenn nach positiven Gesichtspunkten gefragt wurde. Jetzt kommen weitere Argumente hinzu. Sehr in Mode gekommen sind in letzter Zeit bei uns Sportspiele wie Volleyball, Tennis, Squash und Badminton. Und sie alle zeichnen sich dadurch aus, daß Voraussetzung für den Erfolg eine starke persönliche Verhaltenskontrolle ist. Genau dies ist aber auch Zentralmoment beim Golf. Selbstbeherrschung, Affektkontrolle und körperliche Distanz zum Mitspieler sind Hauptmerkmale, die für Golf charakteristisch sind und offensichtlich für viele Sportler große Attraktivität besitzen. Ursprünglich wurden solche Eigenschaften nur in Verbindung mit der Oberschicht unserer Gesellschaft gesehen, was wohl wesentlich zum »Elitär-Image« von Golf geführt hat. Mit der Entwicklung in Richtung Breitensport kommt es zwangsläufig zur Lockerung der ursprünglichen Verhaltensformen. Kleiderordnungen und auch Spieler- und Zuschauerverhalten nehmen Ab-

---

* Neben Golf sind es Stabhochsprung, Billard, Eiskunstlauf, American Football.

Einleitung

stand von den bislang etablierten Formen. Dennoch bleiben Selbstdisziplin und Konzentration als erfolgsbestimmende Faktoren erhalten. Mit solchen Merkmalen entspricht Golf in Sachen Sport durchaus längerfristiger Entwicklungstendenzen der westlichen Industrieländer.

»Hit it – find it – and hit it again.« Das war die Antwort von Severiano Ballesteros auf die Frage nach dem Geheimnis seiner Spielkunst. So einfach, wie sich das anhört, ist Golf nicht. Vielleicht für den genialen Spanier, nicht aber für den normal begabten Freizeitgolfer. Das Spiel zählt nach Analysen von *Sports* zu den fünf* schwierigsten überhaupt. Dennoch – und hier liegt der Trost und die Herausforderung für Otto Normalspieler – Golf ist nicht so schwierig, als daß man sich von Anfang an mit der Tatsache abzufinden hätte, auf ewige Zeiten ein »Hacker« zu bleiben und sich deshalb auch um mehr Technik gar nicht weiter bemühen müßte.

Bernhard Langer hat dazu gemeint, daß schon derjenige durchaus ein ordentlicher Golfer werden kann, der neben seinen regelmäßigen Platzrunden nur zweimal in der Woche auf der Übungswiese gezielt an seiner Schwungtechnik feilt.

Allerdings, so ohne weiteres funktioniert auch dies nicht: Beim Golf nämlich ist man in hohem Maße abhängig vom Rat des Trainers. Um es noch deutlicher zu sagen: Gutes Golf kann man sich nicht selbst beibringen. Jeder von uns, auch der Spitzenprofessional, ist darauf angewiesen, daß ein Lehrer die Fehler analysiert und für die notwendigen Korrekturen gezielte Anweisungen erteilt. Ausdrücklich sei die Warnung an diejenigen ausgesprochen, die glauben, man müsse nur die entsprechende Anzahl von Bällen schlagen, auf daß sich die gewünschte Technik schon von selbst einstelle. Die große Gefahr hierbei: Auch Fehler kann man einüben! Wenn dieses Buch auch nicht verbindliche Erfolgsrezepte für das Spiel mit dem kleinen weißen Ball liefern kann, seine Berechtigung als Orientierungshilfe hat es vor allem für den Golfneuling. Richtiges Golfspielen also – von Anfang an.

Wie Sie sicherlich wissen, hat Golf seinen Siegeszug um die Welt von den Britischen Inseln aus angetreten – schon im 15. Jahrhundert spielte man in Schottland Golf – und daher ist das Spiel auch heute noch mit einer Reihe englischer Fachausdrücke befrachtet, für die sich bisher keine sinnvolle deutsche Übersetzung hat finden lassen. Die englischsprachigen Begriffe aber werden jeweils erklärt, so daß es keine Verständnisprobleme geben sollte.

Ausrüstung

Ohne Frage: Die Entwicklung aller am Golf beteiligten Ausrüstungsgegenstände ist in Gang gekommen wie nie zuvor. Es vergeht kein Jahr, in dem nicht von irgendwelchen Herstellern »sensationelle« Neuheiten auf den Markt gebracht werden, gepaart natürlich mit himmelhohen Versprechungen, daß sich Ihr Golf bei Verwendung dieses Produktes in geradezu atemberaubender Weise verbessern würde. Um es gleich vorwegzunehmen: Auch noch so ausgefeilte, vielfach unter der exotischen Bezeichnung »High-Tech« – was immer das heißen mag – angepriesene Schläger, Bälle oder sonstige Gegenstände ersetzen nicht den soliden Golfschwung. Allenfalls können sie dazu beitragen, individuelle Schwächen zu mindern.

Die Wahl fachgerechten Gerätes ist vor allem für Golfneulinge schwierig, weil das Angebot an Schlägern und Bällen in seiner Vielfalt einfach zu verwirrend ist. Da haben inzwischen sogar versierte Spieler ihre Probleme. Die Gerätehersteller warten wie gesagt nonstop mit Neukonstruktionen auf, deren spezielle Eigenheiten fürs erste nur dem Fachmann bekannt sein können. Beratung durch geschultes Personal, viel besser aber noch durch Ihren *Pro* (Professional, Clubtrainer), der nicht nur Ihren Schwung, sondern auch Ihre körperlichen Eigenheiten kennt, sind da unabdingbare Voraussetzung. Wir beschränken uns hier,

auf die für das Spiel wichtigsten Dinge zu verweisen. Mit Ihrer wachsenden Golfpraxis entwickeln Sie ohnedies ganz persönliche Vorstellungen bezüglich Ihrer Ausrüstung und stimmen Ihre Ansprüche zunehmend auf diese ab.

Bekleidung

Auf spezielle Golf-Oberbekleidung braucht nicht näher eingegangen zu werden, da bequeme, atmungsaktive Pullover, Hosen und Röcke heute jeder besitzt.

Wichtig ist spezielles **Schuhwerk.** In erster Linie bequem sollen die Schuhe sein, weil nichts schlimmer ist, als Golf spielen zu müssen, wenn einem die Füße weh tun. Denken Sie immer daran, daß Sie auf einer einzigen Runde 10 und mehr Kilometer unterwegs sind und daß Sie ein Turnier nicht ohne weiteres abbrechen können, nur weil Sie Probleme mit Ihren neuen Schuhen haben. Die eingearbeiteten Spikes sorgen für festen Stand bei widrigen Bodenverhältnissen, vor allem nach längerem Regen, wenn der Untergrund schlüpfrig ist. Die Spikes nutzen sich ab! Sie sollten dann erneuert werden. Fragen Sie Ihren Pro. Bei trockenem Wetter können Sie auf Spike-Schuhe zugunsten von Noppenschuhen verzichten. Diese sorgen für ausreichende Standfestigkeit und haben zudem den Vorteil, daß man

Für jeden Schlag ist die Wahl des richtigen Schlägers von entscheidender Bedeutung. Severiano Ballesteros mit seinem Caddy.

das Clubhaus in Schuhen betreten darf – dort, wo Spikes verboten sind. Leichte **Regenbekleidung** und ein großer **Regenschirm** gehören mit zur Ausstattung, denn bei der Runde sind Sie mindestens 3 Stunden unterwegs, und Platzregen haben meist die Eigenheit, vom Himmel zu fallen, wenn man nicht damit gerechnet hat.

Ein **Golfhandschuh** sorgt für sicheren und festen Griff. Ohne Handschuh kann man Probleme vor allem am Ende des Rückschwungs bekommen, besonders natürlich, wenn die Hände von Hitze, Aufregung oder Regen feucht sind. Auch schützt der Handschuh vor Blasenbildung. Bei trockenem Wetter ist ein Lederhandschuh zu empfehlen, bei Nässe ein Allwetter-Handschuh aus Synthetik.

Löcher im Handschuh lassen neben der Materialermüdung auch Rückschlüsse auf Schwächen im Griff zu. Fragen Sie Ihren Pro! Ihr Griff muß dahingehend korrigiert werden, daß das regelmäßige Scheuern Ihres Schlägergriffs an bestimmten Stellen aufhört.

Zubehör

Die kleinen Nägel aus Holz oder Plastik heißen **Tees**. Sie dienen dazu, eine perfekte Lage des Balles für Ihren Schlag herzustellen. Sie dürfen den Spielregeln entsprechend nur auf den Abschlägen eingesetzt werden. Die Frage, wie hoch ein Ball aufgeteet

Hier findet sich alles, was Sie für das Spiel brauchen.

werden soll, wenn man mit einem Holz zu schlagen beabsichtigt, kann mit einer Standardempfehlung beantwortet werden. Legen Sie den Schlägerkopf hinter dem Ball auf den Boden. Die richtige Höhe hat Ihr Ball dann, wenn er zur Hälfte über den Schlägerkopf hinausragt (vgl. S. 35).
Die Beantwortung der Frage, ob man die schnell zerbrechenden Tees aus Holz oder haltbare Plastik-Tees verwenden soll, fällt eindeutig zugunsten von Holz-Tees aus. Zwei Gründe sind ausschlaggebend: Erstens hinterlassen Plastik-Tees im Holz der Schläger nach jedem Schlag winzige Narben. Die Summe dieser Verletzungen führt über kurz oder lang zu solcher Beeinträchtigung der Schlagfläche, daß nicht nur der Schläger an Wert verliert, sondern daß auch die Bälle kleine Verletzungen mitbekommen, was nicht nur ihre Langlebigkeit, sondern auch die Qualität negativ beeinflußt. Zweitens gehen mit zerbrochenen oder verschossenen Plastik-Tees Probleme bei der Platzpflege einher. Plastik gerät in die Mähmaschinen und kann größere Reparaturen nach sich ziehen.
Die **Pitch-Gabel** dient dazu, die Einschlagmarken auszubessern, die Ihr Ball auf dem Grün hinterläßt (vgl. Abb. S. 116). Wählen Sie von Anfang an eine aus Metall. Pitch-Gabeln aus Plastik haben nur kurze Lebensdauer. Die Zinken brechen bei jeder größeren Erdbewegung ab.
Schlägertaschen werden in allen nur denkbaren Farben und Designs angeboten. Es gibt sie von klein bis groß

und in den verschiedensten Materialien. Auch bei den Taschen gilt es, einiges im Auge zu behalten. Die *Bags,* wie sie in der Golfsprache heißen, sollen zumindest ausreichend Stauraum haben. Es müssen die Regenbekleidung untergebracht werden, zuweilen auch Getränke, der Regenschirm will befestigt sein und das Kleinzeug wie Bälle, Handschuhe, Tees usw. soll übersichtlich in den Außentaschen verstaut werden können. Zu kleine Taschen erweisen sich daher als unpraktisch. Nicht umsonst führen die Turnierspieler immer wahre Monster-Bags mit sich. Natürlich hängt die Größe von den persönlichen Wünschen des einzelnen ab, dennoch aber gibt es eine wichtige Regel: Der Durchmesser der Tasche am Boden muß so groß sein, daß sich die mitgeführten Schläger mühelos herausnehmen lassen. Ist der Spielraum zu klein, scheuern die Griffe aneinander und nutzen sich frühzeitig ab.
Sie können Ihren Golfbag tragen oder auf einem Wagen hinter sich herziehen. Das unterliegt ganz Ihrem persönlichen Gusto und Ihrer körperlichen Fitness. Mittlerweile gibt es batteriebetriebene Wagen und wahlweise sogar solche mit Fernsteuerung.

Schläger, Putter, Bälle

Bevor wir nun zum Herzstück der Ausrüstung, zu Schlägern und Bällen kommen, ein Wort zu den **Schlägerhauben.** Sie schützen die wertvollen Holzschläger vor Verletzungen durch die Eisenschläger. In der Golftasche schlagen die Schläger immer gegeneinander. Auch »Hölzer« aus Metall oder Kunststoff bewahren ihr ursprüngliches Aussehen nur, wenn sie durch die Hauben geschützt werden. Nach Regen nimmt man die Hauben ab und läßt sie über Nacht trocknen. Unter nassen Schlägerhauben verzieht sich das Holz, auch nimmt die Politur Schaden.

Was nun die **Schläger,** den sicherlich wichtigsten Teil Ihrer Ausrüstung anlangt, so besagen die Regeln, daß Sie nicht beliebig viele auf der Runde einsetzen dürfen, sondern es sind genau 14. Als sogenannter Standardsatz gelten die Eisen 3 bis 9, ein Pitching Wedge, ein Sand Wedge, ein Putter und die Holzschläger 1, 3 und 5. Der Standardsatz also umfaßt ohne den Putter 13 Schläger. Tatsächlich gibt es aber, wie wir gleich noch sehen werden, sehr viel mehr, und dies führt vielfach zur Qual der Wahl. Welche Schläger sollen nun tatsächlich zum Einsatz kommen?

Grob gesprochen besteht ein Schläger aus dem Schlägerkopf, dem Schaft und dem Griff. Um gleich bei letzterem zu bleiben: Die Griffe sind entweder aus Gummi oder Leder. Während viele Berufsspieler Ledergriffe bevorzugen, weil sie angeblich ein besseres Gefühl zum Schlägerkopf vermitteln, hat sich allgemein dennoch mehr der Gummigriff durchgesetzt, vor allem deshalb, weil er bei Nässe griffiger und darüber hinaus pflegeleichter ist. Um Gummigriffe in gutem Zustand zu erhalten, brauchen sie nur des öfteren mit Seifenwasser

gründlich abgewaschen zu werden. Derzeit besitzen die meisten Schläger noch Metallschäfte, wobei allerdings nicht zu übersehen ist, daß Schäfte aus Carbon, Boron und Kevlar zunehmend auf den Markt drängen. Alle Schäfte gibt es mit unterschiedlicher Flexibilität, von ganz weich und elastisch bis total steif. Auch weisen sie je nach Bedarf unterschiedliche Längen auf, so daß zu jeder Körperstatur die passenden Längen zu finden sind. Wie lang ein Schläger sein soll und wann er speziell auf Ihre körperliche Voraussetzungen zugeschnitten ist, darüber mehr im Kapitel über die Ansprechposition (S. 34).

Wichtig für Sie ist aber, daß Sie sich beim Kauf von Ihrem Pro beraten lassen, so daß Sie von Anfang an keinen Fehlgriff tun. Hierbei geht es nicht nur um das für Sie passende Schlägermodell, sondern auch um die Flexibilität des Schaftes, der verwendeten Materialien – soll Ihr Driver aus Holz, Metall oder Kunststoff bestehen –, und es geht beispielsweise auch um die Stärke der Schlägergriffe, denn auch sie beeinflussen Ihren Schwung in ganz bestimmter Weise. So leisten Griffe, die dicker als normal sind, einem Slice (vgl. S. 79) Vorschub und zu dünne Griffe führen leicht zu einem Hook (vgl. S. 79).

Die für viele attraktivsten Golfschläger, weil man mit ihnen den Ball am weitesten schlagen kann, sind die Holzschläger, vereinfacht auch nur als »Hölzer« bezeichnet. Normalerweise tragen die Hölzer Nummern von 1 bis 5, neuerdings jedoch kommen Hölzer

mit noch höheren Nummern in Mode.
Die Nummern geben Auskunft über
die Bauweise des Schlägers, wobei
vor allem die Neigung der Schlagfläche, der sogenannte Loft, von Bedeutung ist. So hat ein Holz 1 – auch als
Driver bezeichnet – eine im Treffmoment fast senkrecht stehende Schlagfläche, um den Ball möglichst flach zu
halten. Dagegen weist ein Holz 5
schon so viel Neigung seiner Schlagfläche auf, daß der Ball nach dem
Treffen hoch in die Luft fliegt. Der Loft
der einzelnen Schläger ist standardi-
siert, d.h. auch bei Fabrikaten verschiedener Hersteller gleich.
Über Flugbahnen und Längen, die mit
den einzelnen Schlägern erreicht werden können, wird gleich noch mehr zu
sagen sein (vgl. S.74ff.).
Wie schon gesagt, versteht man unter
den Hölzern heutzutage keinesfalls
immer nur Schlägerköpfe aus Holz.
Viel zu sehr haben sich mittlerweile
auch solche aus Metall und Kunststoff
durchgesetzt. Dennoch, die Bezeichnung Hölzer ist ihnen in der Golfsprache geblieben, ganz unabhängig
also vom Material.
Die Klassiker unter den Hölzern sind
natürlich die wahren Hölzer. Sie vermitteln vielen Spielern angeblich das
beste Gefühl im Treffmoment. Der
Vorteil der Metallhölzer dagegen
liegt in ihrem tieferen Schwerpunkt, so
daß der Ball leichter in die Luft geht.

Die Nummern auf den Hölzern geben Auskunft über die Bauweise der Schläger.

Mit den Kunststoffhölzern läßt sich nachweislich die höchste Schläger-kopfgeschwindigkeit beim Schlag erzielen, so daß mancher Spieler erstaunt seine »neuen« Längen zur Kenntnis nehmen kann. Bei den meisten dieser Metall- und Graphite-Schlägerköpfe ist der *Sweet Spot,* der Bereich, mit dem der Ball optimal getroffen wird, deutlich erweitert, so daß die Streuung der Bälle infolge ungenauen Treffens entschieden verringert wird.

Bei den Eisenschlägern reicht die Skala von 1 bis 9. Dazu kommen Pitching Wedge, auch als Nr. 10 bezeichnet, und Sand Wedge. Man teilt sie ein in sogenannte

lange Eisen	Nr. 1 bis 4
mittlere Eisen	Nr. 5 bis 7
kurze Eisen	Nr. 8 bis Sand Wedge

Ganz links: »Hölzer« aus Graphite mit Graphite-Schäften. Mitte: Metall-»Hölzer« mit Metall-Schäften. Rechts: Hölzer mit Schäften aus Boron.

Aus dem Standardsatz sind Eisen 1 und 2 seit geraumer Zeit fast vollständig verschwunden. Man muß sie jeweils gesondert bestellen. Durchschnittsgolfer haben das Spiel mit diesen Eisen aufgegeben, weil sie erfahrungsgemäß schwierig zu spielen sind. Für gute Schläge nämlich müssen die Bälle ganz genau im Sweet Spot getroffen sein, was, je länger die Eisen sind, zunehmend schwieriger wird. Auch vom Optischen her dürfte sich niemand so ohne weiteres von den langen Eisen angezogen fühlen, denn sie haben eine auffallend kleine Schlagfläche, so daß man schon von daher das Zutrauen verliert, exakt treffen zu können. Jack Nicklaus allerdings sagt, daß gerade das Eisen 1 ein ganz »fabelhafter« Schläger sei und in viel mehr Situationen erfolgreich einzusetzen ist, als die meisten glauben. Auch er aber macht den Zusatz, daß man erst einmal lernen müsse, mit dem Ding richtig umzugehen. Der Loft der Schläger nimmt zu den kurzen Eisen hin zu und erreicht beim Sand Wedge bis zu 60°. Es liegt auf der Hand, daß ein von einer solch schrägstehenden Schlagfläche getroffener Ball steil und hoch in die Luft steigt. Die Schaftlängen der einzelnen Eisen sind so aufeinander abgestimmt, daß sich bei ihrem Einsatz jeweils eine Entfernungsdifferenz von etwa 10 m ergibt (vgl. S. 74 f.). Die genauere Betrachtung der Schlägerköpfe zeigt, daß die Schlägerblätter zu den kurzen Eisen hin immer größer und damit auch schwerer werden. Die Schläger sind, wie es in der Fachsprache heißt, computermatched, d. h. ihr Längen/Gewichtsverhältnis ist so abgestimmt, daß der Spieler bei jedem Schläger das Gefühl hat, das gleiche Gewicht in Händen zu halten. Einzige Ausnahme ist der Sand Wedge. Er ist entsprechend seiner Bestimmung, die Bälle aus den Sandbunkern »herauszubaggern«, besonders schwer. Er zeichnet sich des weiteren durch eine auffallend breite Schlägersohle aus. Sie soll verhindern, daß der Schläger beim Schlag zu tief in den Sand eindringt und damit die beabsichtigte Wirkung verfehlt, den Ball förmlich aus dem Sand herauszuschneiden (vgl. S. 98).

Während in einem Standard-Eisensatz auch Pitching Wedge und Sand Wedge mitgeliefert werden, gehört ein **Putter** nicht dazu. Der Putter ist jener Schläger, mit dem der Ball auf dem Grün ins Loch geputtet wird. Einen Putter also erwerben Sie immer getrennt von Ihren übrigen Schlägern. Und ein Problem bei der Wahl des Putters ist, daß ebenso viele Modelle am Markt sind, wie es Putt-Techniken gibt. Es gibt auch keine Generalregel, daß dieses oder jenes Modell für einen Spieler ein besonders vorteilhaftes ist. Mit welchem Putter man später am besten puttet, hängt von

Vom Eisen 1 bis zum Pitching Wedge. Die Schaftlänge wird immer kleiner, die Stellung des Schlägerblattes zunehmend steiler.

der persönlichen Einstellung zu einem bestimmten Schläger ab, vor allem vom Vertrauen in ihn. Sie sollten aber wenigstens die entscheidenden Eigenschaften eines Putters kennen. Wie Sie im Kapitel über das Putten (S. 102 ff.) noch erfahren werden, ist eine wesentliche Voraussetzung für erfolgreiches Putten, daß Sie den Ball genau mit dem Sweet Spot treffen, weil so die Gefahr weitgehend ausgeschaltet ist, daß sich der Schläger im Treffmoment verdreht und der Ball damit am Ziel vorbeiläuft. Wenn der Sweet Spot bestimmt ist, sollte er mar-

Sand Wedges mit sehr unterschiedlich ausgebildeten Schlägersohlen. Ganz rechts ein heute schon klassisches Modell, der Sandy-Andy von Wilson. Für diesen Schläger werden Liebhaberpreise bezahlt, die um einiges höher liegen als die Preise der Spitzenmodelle renommierter Hersteller.

kiert werden, entweder durch eine gefeilte Kerbe oder durch Farbe. Ihr Pro hilft Ihnen dabei. Manche Hersteller bringen auf ihren Modellen von sich aus Markierungen an, die aber unglücklicherweise nicht in allen Fällen mit dem tatsächlichen Sweet Spot übereinstimmen. Für das Ausrichten des Schlägers mag solch eine Markierung tauglich sein, als Treffpunkt für den Ball aber ist sie irreführend.
In den letzten Jahren zielte das Design verschiedener Hersteller darauf ab, das Gewicht des Putterkopfes nicht mehr gleichmäßig zu verteilen, sondern nur die Spitze und das Ende der Schlagfläche mit einer Beschwerung zu versehen. Damit wird der Bereich eines soliden Treffens des Balles fraglos erweitert, so daß eine genaue Bestimmung des Sweet Spots nicht mehr ganz so wichtig ist. Zu berück-

Putter

sichtigen ist beim Kauf des Putters auch – und hier bedürfen Sie wiederum unbedingt den Rat Ihres Pros –, daß Ihr Schläger die für Ihre Größe angemessene Schaftlänge und auch den für Sie geeignetsten Schaftwinkel aufweist. Gerade der Schaftwinkel kann bei den verschiedenen Modellen sehr unterschiedlich ausfallen und hier müssen Sie unbedingt einen Putter finden, der vom Design her zu Ihrem Puttstil paßt. Es darf nicht umgekehrt sein, nämlich daß Sie Ihren Puttstil dem Schlägerdesign anpassen müssen. Die gängigen Schaftlängen liegen zwischen 82 und 90 cm. Bernhard Langer empfiehlt als Standardlänge 87,5 cm.

Vor etwa 10 Jahren haben die meisten Professionals noch mit ganz normalen runden Griffen gespielt. Heutzutage hat sich dagegen die Ansicht durchgesetzt, daß sich besser mit einem auf der Vorderseite flachen Schlägergriff putten läßt. Die beiden

Verschiedene Putter. Ganz links ein überdimensionierter sog. Greenkiller. Bei den beiden Modellen rechts ist das Schlägerkopfgewicht gleichmäßig über die gesamte Schlagfläche verteilt. Die jeweilige Markierung zeigt den »Sweet Spot« an. Achten Sie auf die vielfältigen Möglichkeiten, wie das Schlägerblatt am Schaft befestigt ist.

Daumen liegen besser auf als bei einem runden Griff.

Vielfach wird empfohlen, einen etwas leichteren Putter zu verwenden, dann – und das hängt vom Problem ab, mit dem Sie auf dem Grün zu kämpfen haben – sollte es wieder ein schwerer Putter sein. Fast alle Modelle wiegen zwischen 420 und 504 Gramm. Die meisten Professionals spielen mit einem etwa 480 Gramm schweren Putter. Allgemein gilt, daß der etwas schwerere Putter das langsame und rhythmische Schwingen erleichtert. Viele gute Golfspieler meinen, daß man ein Leben lang einem einmal für gut und richtig befundenen Putter treu

Links der 3-Piece-Ball, bestehend aus Gummiblase, Gummiwicklung und Außenschale. Der 2-Piece-Ball rechts besitzt einen Kunststoffkern und eine Schale aus Surlyn.

bleiben sollte, und ebenso viele raten dagegen, sich sofort einen neuen Putter zuzulegen, wenn man mit dem alten ein Formtief durchläuft. Bernhard Langer scheint dem zweiten Grundsatz zu huldigen. Er besitzt nach eigenen Angaben inzwischen 70 Putter.

Wie schon bei den Schlägern ist auch das Angebot bei den **Bällen** in seiner Vielzahl geradezu verwirrend. Immer neue Designs in Verbindung mit »revolutionierenden« Materialien kommen auf den Markt. Übersicht über das, was es alles gibt, kann da vor allem für den Golfneuling nicht schaden.

An Bälle stellt man heutzutage folgende Ansprüche. Sie sollen

a) weit fliegen,

b) präzise Schläge ermöglichen und

c) große Haltbarkeit aufweisen.

Diese drei Kriterien unter einen Hut zu bringen, ist leichter gesagt als getan. Bisher jedenfalls ist es in idealer Weise noch nicht gelungen. Die Ballhersteller allerdings sind zuversichtlich. In spätestens 10 Jahren, so prophezeien sie heute, ist das Problem vom Tisch; der ideale Ball könne dann in Serie hergestellt werden. Um besser zu verstehen, worum es geht, sollten Sie folgendes wissen:

Der klassische Golfball ist ein sogenannter 3-Piece-Ball. Er besteht aus einem festen Gummikern oder einer mit Flüssigkeit gefüllten Gummiblase. Dieser Kern ist mit Gummifäden umwickelt. Darüber wiederum befindet sich die Außenschale, die entweder aus dem widerstandsfähigen Kunststoff Surlyn besteht oder aus dem gummiähnlichen Material Balatum. Natürliches Balatum ist relativ selten, so daß die sogenannten Balatum-Bälle eine Schale aus künstlichem Balatum besitzen. Professionals spielen fast ausschließlich 3-Piece-Bälle mit Balatum-Schale, weil diese größte Präzision bei den Schlägen zulassen. Wie schnell sich ein Ball nämlich während des Fluges dreht, hängt in hohem

Bälle

Maße von seiner Konstruktion ab. Der Drall hat Einfluß auf die Weite und dies sowohl in der Luft als auch am Boden. Beim 3-Piece-Ball konzentriert sich das Gewicht zur Mitte hin mit der Folge, daß er sich schneller dreht – mehr *Spin* hat. Mehr Drall aber heißt, daß er leichter in die Luft steigt, was sich in der Regel in einer höheren Flugbahn und einem steileren Winkel zur Landung hin niederschlägt. Das Ergebnis ist mehr Biß, wenn der Ball aufkommt, so daß er sehr schnell liegen bleibt und nicht lange ausrollt. Die Professionals bevorzugen diese Berechenbarkeit, weil sie damit ihr Ziel präzise anvisieren können. Dem Drall wird vor allem Vorschub durch die relativ weiche Balatum-Schale geleistet. Man könnte also meinen, den idealen Ball gäbe es bereits, denn auch von der Flugweite her stehen Balatum-Modelle anderen keineswegs nach. Das Problem für den Normalspieler ist nur, daß die weiche Schale den Ball sehr empfindlich

macht. Um es kurz zu sagen: Wenn er nicht richtig getroffen wird, ist er oftmals schon nach dem ersten Schlag so mitgenommen, daß er unbrauchbar ist. Mit Balatum-Bällen zu spielen ist also ein teures Vergnügen. Die Konsequenz war, den 3-Piece-Ball in seinem Inneren so zu belassen, wie er ist, und ihn lediglich mit einer harten Surlyn-Außenhaut zu versehen. Damit aber kann dem Ball auf seinem Flug nicht mehr so viel Drall mitgegeben werden, was zu Lasten der Präzision geht. Ein Kompromiß also zugunsten der Langlebigkeit.

Wir sehen hier den klassischen Balatum-Ball der Fa. Titleist, zu identifizieren am Kleingedruckten »Tour 90« oder »Tour 100«. Daneben der Kompromiß, der Titleist-Ball mit harter Schale. Seine Bezeichnung ist »384 PTS 90« oder »384 PTS 100«. Die Zahl 90 oder 100 markiert die Kompression des Balles. Diese kann

Die Klassiker von Titleist.

man im übrigen auch an der Farbe der Zahlen auf dem Ball ablesen. Rote Zahlen stehen für 90er, schwarze für 100er Kompression. Während die meisten Professionals den 100er bevorzugen, sollten sich alle Normalspieler eher für den etwas weicheren 90er entscheiden, weil schlecht getroffene Bälle nicht ganz so hart zum Arm durchschlagen.

Neben dem 3-Piece-Ball gibt es auch den Zweiteiler. Der 2-Piece-Ball hat unter einer relativ dünnen Surlyn-Schale einen großen Kunstgummikern, und zwar aus einem von der amerikanischen Firma Dupont entwickelten Thermoplast-Material. Der 2-Piece-Ball dreht sich langsamer und seine Flugbahn verläuft niedriger. Im Flug legt er zwar die gleiche Distanz wie der 3-Piece-Ball zurück, nach der Landung aber rollt er oftmals noch eine erhebliche Distanz, so daß er vor allem von Spielern bevorzugt wird, de-

Bälle, die sich bei deutschen Spielern besonderer Beliebtheit erfreuen. Der Maxfli ganz rechts weist mit 500 Dimples die derzeit meisten aller »Dellen« auf einem Ball auf. Die mit xxx gekennzeichneten Bälle sind zweite Wahl. Die Zahlen auf den Bällen sollen die Identifikation erleichtern.

nen es um Weite geht. Die Surlyn-Schale ist entschieden härter als Balatum, so daß der 2-Piece-Ball schlechte Schläge und Abnutzung weniger übel nimmt und daher über die gewünschte Langlebigkeit verfügt. Ein Wort zu den *Dimples,* den Dellen im Ball, die vielfach für ein recht charakteristisches und auch auffallendes Design sorgen. Sie haben ihre Berechtigung deshalb, weil ohne sie der Ball erheblich schlechtere Flugeigenschaften hätte. Mit Hilfe computererrechneter Werte hat die Industrie spezielle Dimple-Anordnungen entwickelt, die für ein Maximum an Weite und Genauigkeit sorgen. In Mode kommt jetzt besonders eine Erhöhung der Dimple-Zahl. Waren noch vor wenigen Jahren die Bälle durchweg mit weniger als 400 Dimples ausgestattet, so sind es jetzt schon bis zu 500, die dafür sorgen sollen, daß der Ball praktisch überhaupt nicht mehr herunterkommt.

Hier sind einige gängige Bälle abgebildet, die sich bei deutschen Spielern besonderer Beliebtheit erfreuen. Die mit XXX gekennzeichneten Bälle sind Bälle zweiter Wahl und daher etwas billiger zu haben. Diese Bälle haben die harten Werkskontrollen nicht erfolgreich passiert, weil das strenge Auge der Computerprüfung irgendeinen winzigen Fehler entdeckt hat. Unterschiede in der Qualität gegenüber regulären Bällen können auch von guten Spielern nicht ausgemacht werden.

Obwohl die klassische Farbe der Golfbälle weiß ist, kommen andere Farben zunehmend in Mode. Das ist nicht bloß ein Farbtupfer in der Ball-kollektion, sondern mit einigen Farben verbindet sich durchaus praktischer Nutzen. In einer Gänseblümchenwiese, in die der Ball gelegentlich hineingelangt, findet sich ein gelber Ball wesentlich leichter wieder als ein weißer.

Der Ball, der nach Ansicht der Fachleute die Forderungen nach Länge, Präzision und Langlebigkeit am besten erfüllen soll, ist der hier abgebildete »Tour Edition« von Spalding. Es ist ein 2-Piece-Ball. Spalding hat speziell für diesen Ball den Kunststoff Zinthane entwickelt und damit eine revolutionäre neue Außenhaut geschaffen.

Diesem Ball sagt man allgemein nach, daß er alle Leistungen eines Balatum-Balles mit der Langlebigkeit von 2-Piece-Bällen verbindet. Welcher Ball nun für Sie der richtige ist, sollten Sie selbst entscheiden. Probieren Sie einfach verschiedene Modelle aus. Sehr schnell werden Sie sich erfahrungsgemäß dann für jenen Ball entscheiden, von dem Sie überzeugt sind, daß er Ihnen am besten liegt.

Der »Tour Edition« von Spalding verbindet Langlebigkeit mit den Eigenschaften eines Balatum-Balles.

Anfang gut – alles gut

Am Abend vor dem letzten Durchgang zur British Open 1986, dem bedeutendsten europäischen Golfturnier, riet Jack Nicklaus seinem Freund Greg Norman, der die Meisterschaft mit einem Schlag Vorsprung anführte: »Das einzig wirklich Wichtige morgen für dich ist dein Griff. Überprüfe ihn vor jedem Schlag und stelle sicher, daß er nicht zu fest ist.« Greg Norman gewann mit 5 Schlägen Vorsprung und sagte anschließend, es sei nicht zuletzt der Rat von Jack Nicklaus gewesen, der ihm den Erfolg gebracht habe. Nach Meinung der besten Golfer unserer Zeit ist also der Gewinn einer Grand-Slam-Meisterschaft in hohem Maße abhängig von der richtigen Art, den Schläger zu halten. Ein Beweis, wie wichtig es ist, die Konzentration auf die sog. Grundelemente beim Golf zu keiner Zeit außer acht zu lassen und Dinge im Auge zu behalten, von denen viele Golfspieler glauben, sie bedürfen keiner besonderen Aufmerksamkeit mehr, wenn man sie irgendwann einmal gelernt habe.

Gute Spieler nach den Voraussetzungen ihrer Erfolge befragt, antworten meist, daß sie sich sehr eingehend mit den Grundelementen auseinandergesetzt haben und ihr ganzes Spiel auf soliden Grundkenntnissen aufgebaut ist. Der Griff ist hier, wie gesagt, in erster Linie zu nennen, richtige Körperhaltung und Stand sind von entscheidender Bedeutung und natürlich auch korrektes Zielen. Zusammengenommen ergibt dies die ordnungsgemäße Ansprechhaltung. Vor dem Schlag wird der Ball »angesprochen«, wie es in der Golfsprache heißt. Greg Norman sagt, gut Golf zu spielen heißt, ein riesiges Puzzle bereits in seinen Grundzügen richtig zusammensetzen zu können. Je besser dies gelänge, um so einfacher füge sich der Rest. Ein Kriterium für richtiges Golf ist auch, daß alle Dinge, um die es in folgendem geht, Sinn machen; sich also in das Puzzle sinnvoll einfügen, daß sie einfach auszuführen sind, und was ganz wichtig ist, daß sich dabei für Sie stets ein gutes Gefühl einstellt.

Der Griff

Es ist nur logisch, wenn die Beschreibung der Grundelemente mit dem Griff beginnt. Er ist die Verbindung vom Körper zum Schläger, und jede Bewegung mit dem Schläger hängt in ihrer Effizienz davon ab, wie man ihn in Händen hält. Einfach ausgedrückt: Ohne richtigen Griff keine gleichmäßig guten Schläge. Auch mit einem schlechten Griff sind gelegentlich gute Schläge möglich. Dies wollen wir nicht verschweigen. Aber »gelegentlich« ist für gutes Golf zu wenig. Und vor allem unter Druck, während eines Turnieres zum Beispiel, zeitigen Fehler – wie etwa ein schlechter Griff –

Schon zu Lebzeiten eine Legende. Jack Nicklaus beim Spiel aus dem Sand.

schlimme Folgen. Wie aber kommt man zu einem guten Griff? Folgen Sie John auf dem Foto.

Stehen Sie leicht in den Hüften gebeugt, lassen Sie die Arme natürlich herunterhängen und führen Sie die Hände so zusammen, als wollten Sie klatschen. Der Rücken der linken und die Innenseite der rechten Hand zeigen jetzt ziemlich genau im rechten Winkel nach links (zum Ziel). Damit ist eine ideale Position gefunden. In der Fachsprache wird sie als *square* (rechtwinklig; aus der Sicht des Golfers: in rechtem Winkel zur geraden Linie zum Ziel) bezeichnet. Diese Ausgangssituation ist Beginn eines

Der erste Schritt zum richtigen Golf.

squaren Griffs, der idealen Weise, einen Schläger in Händen zu halten. Ein solcher Griff nämlich führt auf natürliche Weise zu einem squaren Stand zum Ball, was wiederum einen einfachen, aber wirkungsvollen Schwung zur Folge hat. Mit diesem **squaren Griff** sind die besten Voraussetzungen geschaffen, den Schläger auch wieder square an den Ball zu bringen, ein Kriterium für kraftvolle und gleichermaßen präzise Schläge. Die Grafiken zeigen, wie der Schläger richtig in die Hände genommen wird. Der Schläger liegt diagonal in der linken Handfläche. Er darf weder zu sehr auf den Fingern ruhen noch zu sehr in Richtung Daumenballen verschoben sein. Der linke Daumen weist auf dem Schaft leicht nach rechts – niemals liegt er direkt oben drauf. Bei der rechten Hand kommen die Finger mehr zum Zuge. Studieren Sie die korrekte Lage. Zwischen Mittel- und Zeigefinger verbleibt eine kleine Lücke. Dadurch können Zeigefinger und Daumen den Schlägerschaft zur besseren Kontrolle und zum besseren Gefühl fest einklemmen. Achten Sie beim Griff auf den rechten Daumen. Er liegt nicht unmittelbar auf dem Schaft. Den meisten Druck üben die letzten drei Finger der linken Hand aus, besonders der kleine. Strecken Sie die letzten drei Finger einmal weg und Sie merken sofort, daß der Griff seiner wesentlichen Stütze beraubt ist.

Das Kriterium, wie man dem Griff zusätzliche Festigkeit verleiht, hängt in hohem Maße vom persönlichen Ge-

Der Griff

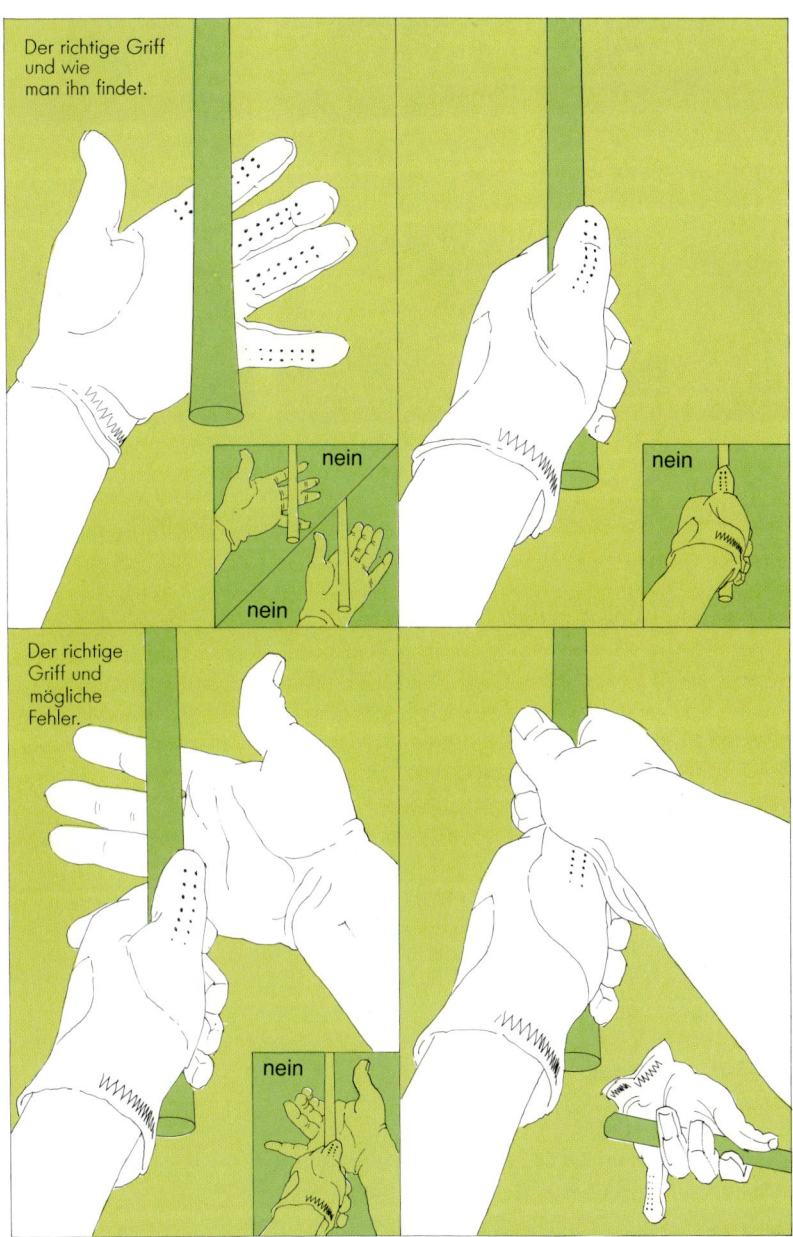

Der richtige Griff und wie man ihn findet.

nein

nein

nein

Der richtige Griff und mögliche Fehler.

nein

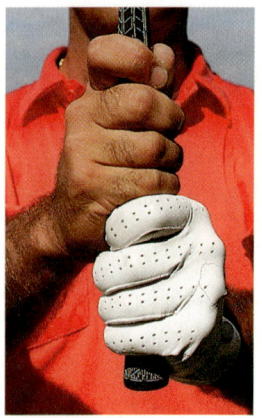
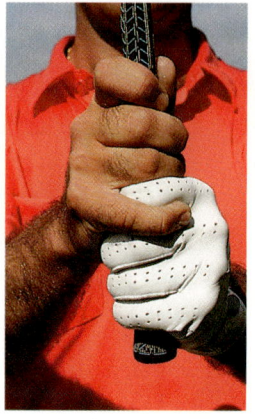
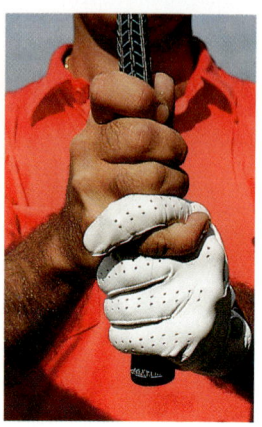

Der 10-Finger-Griff.　　Der »Overlapping«- oder　　Der »Interlocking«-Griff.
　　　　　　　　　　　　　»Vardon«-Griff.

fühl ab. Zu welcher Art Griff hat man das größte Vertrauen? Wie wird das Zusammenspiel der Hände maximiert? Den **10-Finger-Griff** findet man bei guten Spielern höchst selten. Es fehlt der maximale Zusammenhalt. Für Spieler mit besonders schwachen Händen kann er aber eine Hilfe sein. Die weitestverbreitete Methode, die Hände miteinander zu verbinden, ist der sog. **Overlapping-Griff**. Bei ihm ruht der rechte kleine Finger in der Rille zwischen Zeige- und Mittelfinger der linken Hand.

Besonders für kleine Hände eignet sich der sogenannte **Interlocking-Griff,** bei dem der rechte kleine Finger zwischen Zeige- und Mittelfinger der linken Hand verankert ist. Jack Nicklaus z. B. spielt mit diesem Griff. Ganz gleich nun, wie Ihre Wahl ausgefallen ist, immer muß sichergestellt sein, daß Ihr Griff square ist. Unglücklicherweise beginnen viele Golfer ihre

Karriere mit einem Griff, der diese Grundregel nicht beachtet. Sie drehen nämlich die Hände um den Schaft, was je nach Drehrichtung zu einem sog. starken oder schwachen Griff führt. Die Konsequenz ist, daß die oben aufgeführte Bewegungsfolge nicht mehr square ablaufen kann. Das Spiel entwickelt sich von diesem falschen Griff aus in die falsche Richtung. Es wird damit noch schwieriger, als es von Haus aus ist.

Beim **starken Griff** sind beide Hände im Uhrzeigersinn um den Schaft gedreht und die V's – aus Daumen und Zeigefinger gebildet – weisen in Richtung rechte Schulter.

Gegen den Uhrzeigersinn gedreht sind die Hände beim **schwachen Griff** und die V's zeigen in Richtung auf das Kinn.

Square und damit korrekt ist der Griff, wenn beide V's in Richtung rechtes Ohr weisen.

Der Griff

Ironie des Schicksals ist, daß dem Anfänger der starke Griff als der natürlichere und auch kraftbringendere erscheint als der square Griff. Aber gemäß der Weisheit »wehret den Anfängen« soll man dieser Versuchung widerstehen und die Energie für den Schlag nicht überwiegend aus starken Händen schöpfen als vielmehr aus der Summe richtig aneinandergereihter Bewegungen.

Wie fest soll der Schläger gehalten werden? Jeder Golflehrer wird bestätigen, daß ein eher lockerer Griff wesentlich besser ist als ein zu fester. Ein lockerer Griff erlaubt durchaus, den Schläger zu führen und kontrolliert einzusetzen, wobei das Charakteristikum eines lockeren Griffs ist, daß man keinerlei Spannung in Händen und Armen verspürt. Auch soll die einmal gewählte lockere Griffhaltung während des gesamten Schwunges beibehalten werden. Festeres Zupacken etwa

vor dem Treffen des Balles verkrampft die Muskeln mit der Folge reduzierter Schlägerkopfgeschwindigkeit, sprich Länge. Ideal ist die Griffestigkeit, wenn einem der Schläger nicht ohne weiteres aus der Hand gerissen werden kann. Auf keinen Fall dürfen aus dem Griff Verspannungen der Arme und Hände resultieren.

Zusammenfassend und schon ein wenig im Vorgriff auf das Kommende: Ein Griff ist dann gut, wenn er

- den Schlägerkopf square ausrichtet und ihn auf der idealen Schwungbahn vom Ball weg und zu ihm zurück bringt,
- die Handgelenke so locker läßt, daß sie sich beim Rückschwung in der gewünschten Weise abwinkeln können,
- eine höchstmögliche Schlägerkopfgeschwindigkeit zuläßt und
- die Wucht beim Treffen des Balles aushält, ohne dabei nachzugeben.

Der »starke« Griff.　　Der »schwache« Griff.　　Der korrekte Griff.

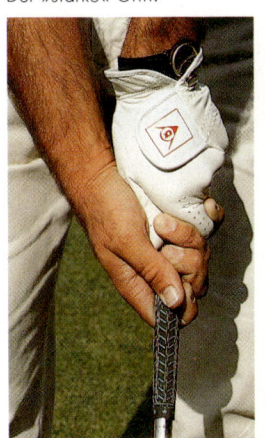 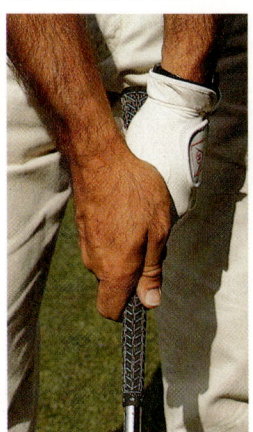 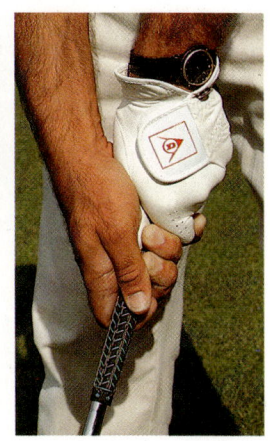

Körperhaltung

Auf dem Weg zur ordnungsgemäßen Ansprechposition wenden wir uns jetzt der richtigen Körperhaltung zu. Sie ist von Bedeutung, weil sie bei richtiger Ausführung sicherstellt, daß wir bei allen Bewegungen, die zu einem vollen Golfschwung gehören, im Gleichgewicht bleiben.
Stehen Sie zuerst aufrecht und halten Sie den Schläger waagerecht von sich weg. Die Arme folgen etwa der Position beim Händeschütteln. Sie sind nicht übermäßig gestreckt, gerade so, daß sie dabei locker und entspannt sind.

Als nächstes gehen Sie ein wenig in die Knie, aber nur soviel, daß Sie in den Beinen keine Spannung spüren. Ihr Hinterteil wird dabei leicht herausgestreckt. Der Kopf bleibt oben, das Kinn behält natürlichen Abstand von der Brust. Ohne den Rücken krumm zu machen, beugen Sie sich jetzt aus den Hüften nach vorne, bis die Sohle des Schlägerkopfes auf dem Boden aufsetzt.
Achten Sie darauf, daß die Arme fast senkrecht herunterhängen. Das Gewicht sollte bei allen normalen Schlägen aus ebenen Lagen gleichmäßig zwischen Ballen und Fersen beider Füße verteilt sein. Haben Sie Ihr Ge-

Ansprechhaltung: 1. Schritt.

Ansprechhaltung: 2. Schritt.

Körperhaltung

Falsche Ansprechhaltung: zu gebeugt   zu aufrecht

wicht zu sehr auf den Zehen, stehen Sie in der Regel zu weit weg vom Ball. Zu nahe dran stehen Sie vermutlich, wenn Sie das Gewicht zu sehr auf die Fersen verlagert haben. Sie tun sich und Ihrem Golf den besten Dienst, wenn Sie vor einem Spiegel Ihre Körperhaltung kritisch überprüfen und vor allem sicherstellen, daß Sie den Kriterien folgen, die auf der Abbildung durch Balken gekennzeichnet sind. Nachdem wir nun wissen, wie die Körperhaltung sein soll bzw. nicht sein darf, ein paar Worte zum richtigen Stand. Wie weit sollen die Beine beim korrekten Stand auseinander sein? In erster Linie ist dies eine Frage des persönlichen Wohlgefühls, wobei gene-

rell zu beachten ist: Ist der Stand zu eng, hat man zu wenig Stabilität im Körper, um beim vollen Schwung die Balance zu halten. Ist der Stand dagegen zu weit, wird der Drehvorgang des Körpers beim Schwung entschieden behindert. Wir folgen mit unserer Empfehlung der Standardregel: Beim vollen Schwung mit einem Driver (Holz 1) sollten die Füße nicht weiter als schulterbreit auseinander sein. Über die Standbreite bei Einsatz anderer Schläger gleich mehr. Die Gewichtsverteilung links/rechtes Bein in der Ansprechposition ist stets 50:50. Eine Betonung der Belastung der Innenseite der Füße ist durchaus vorteilhaft.

Lage des Balles

Nachdem wir nun schon geraume Zeit an der richtigen Ansprechposition des Balles arbeiten, ist die nächste Frage, wo der Ball vor dem Schlag liegen soll. Auch hier empfehlen wir, die Sache möglichst einfach zu halten. Sie sollten davon ausgehen, daß der Ball bei allen Schlägen, ganz gleich, welcher Schläger benutzt wird, von der gleichen Lage aus gespielt wird. Obwohl von einigen Pros immer wieder empfohlen wird, den Ball weiter vor- oder zurückzulegen, also eine auf den jeweiligen Schläger abgestimmte Ballposition zu wählen, gehen wir davon aus, daß dies die Dinge eigentlich komplizierter macht, als sie sein müßten. Bleibt der Ball nämlich immer in gleicher Lage, ist man auf dem besten Wege dazu, eine der wichtigsten Eigenschaften des Golfs zu fördern, nämlich die Genauigkeit. Wir weisen schon hier darauf hin, daß jeder die ideale Lage, wo der Ball zu liegen hat, für sich selbst finden muß, möglicherweise in Zusammenarbeit mit seinem Trainer. Ist sie aber einmal festgelegt, sollte sie konstant beibehalten werden. Wenn man den Ball quasi nach Belieben etwas weiter vor- oder zurücklegt, so muß man in Betracht ziehen, daß damit der Auftreffwinkel des Schlägers auf den Ball geändert wird. Für das praktische Spiel bedeutet das nichts ande-

Standbreite und Lage des Balles verändern sich mit dem Einsatz unterschiedlicher Schläger.

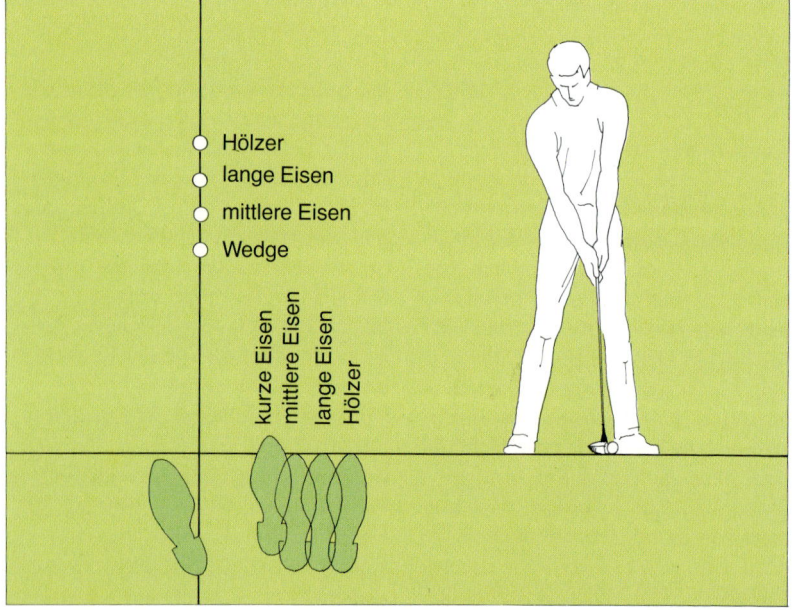

Hölzer
lange Eisen
mittlere Eisen
Wedge

kurze Eisen
mittlere Eisen
lange Eisen
Hölzer

Lage des Balles

res, als daß der Ball nicht mehr jene Flugbahn einnimmt, die ihm durch die Schlägerblattstellung (loft) vorgegeben ist. Beispiel: Legen Sie für ein Eisen 7 den Ball ein wenig zurück. Sehen Sie selbst, daß beim Ansprechen das Schlägerblatt nun etwas steiler steht, wodurch der Ball zwangsläufig an Höhe verliert und von daher in seiner Flugbahn eher einem kurzen Eisen 6 entspricht – einem Eisen 6, das von der Normallage aus gespielt wird, versteht sich. Wir folgen hier den Vorstellungen von Nicklaus und Norman, die alle ihre Bälle von der Höhe ihres linken Absatzes spielen.

Zurück zu der Frage, wie weit der Stand sein soll. Wie die Grafik zeigt, ändert sich die Standbreite mit der Wahl des Schlägers. Der Stand wird enger, je kürzer die Eisen werden. Das linke Bein bleibt in seiner Position immer gleich, das rechte wird sukzessive herangezogen. Die Verringerung der Standbreite setzt einen in die Lage, angemessen auf die kleiner werdende Schaftlänge zu reagieren. Das heißt nichts anderes, als daß man bei stets gleicher Ansprechposition mit den verschiedensten Schlägern in der Hand einen praktisch immer gleichen Schwung machen kann. Bei den sogenannten kurzen Eisen, also etwa ab Eisen 8, öffnen die meisten guten Spieler ihren Stand ein wenig. Dabei wird der rechte Fuß leicht nach vorn gesetzt. Bei kurzen Eisen soll mit einem steileren Schwung (mehr von oben nach unten) getroffen werden und dazu schafft der offene Stand

Hier zeigt John Bradley mehrere Ball-Schlägerpositionen auf einen Blick.

gute Voraussetzungen. Der Korrektheit halber sei angemerkt, daß beim Spiel mit den kurzen Eisen (Eisen 8 bis Sand Wedge) und bei squarem Stand der Ball 2 bis 3 Ballbreiten zurück in Richtung rechter Fuß gelegt wird, um den gewünschten steileren Schwung zu begünstigen. Dadurch aber, daß der Stand geöffnet wird, ist ein Zurücklegen überflüssig, weil der offene Stand ohnedies für die gewünschte Ballposition sorgt. Ein offener Stand ersetzt das Zurücklegen des Balles! Eine Anmerkung noch zur Fußstellung. Auch hierbei soll der persönliche Komfort die entscheidende Rolle spielen.

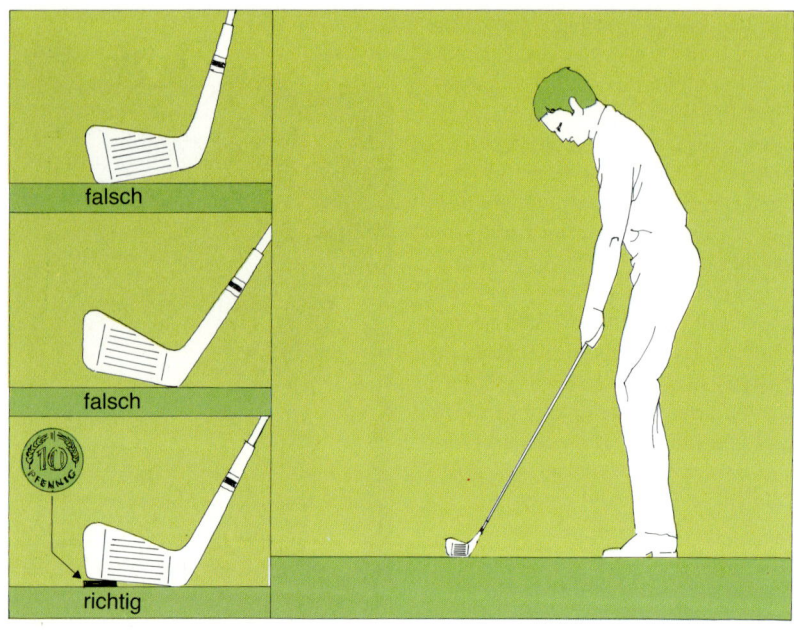

falsch

falsch

richtig

Schläger, die zu Ihnen passen, besitzen Sie dann, wenn bei natürlicher Ansprechhaltung die Sohle des Schlägerkopfes annähernd plan aufliegt.

Wir empfehlen, den rechten Fuß square zu stellen und den linken leicht nach vorn zu öffnen. Achten Sie dabei aber auf die Standgeometrie, so wie sie aus der Grafik ersichtlich ist. Mit dem Driver in der Hand stehen Sie am weitesten vom Ball entfernt, mit dem Sand Wedge am nächsten. Alle Schläger liegen mit ihrer Sohle plan auf dem Untergrund. Wie weit sollen die Füße vom Ball entfernt sein? Wir gehen zurück zu unserem Bemühen um korrekte Körperhaltung. Erinnern wir uns, der Schläger wird auf den Boden aufgesetzt, indem wir uns in der Hüfte nach vorne beugen.

Der korrekte Abstand zum Ball wird vorgegeben durch die annähernd plan aufliegende Sohle des Schlägerkopfes. Nur eine Münze darf vorne Platz haben! Sie wurden bei der Wahl Ihrer Schläger richtig beraten – dies sei hier aber nur zur Ergänzung erwähnt –, wenn Ihre natürlich eingenommene Ansprechhaltung ein planes Aufliegen des Schlägerkopfes zur Folge hat.

»You build your Golf around the club« findet hier seine Bestätigung.

Ansprech-Geometrie · Zielen

Ansprech-Geometrie

Die Ansprech-Geometrie von vorn betrachtet:

- Gerade Linie von der linken Schulter zum Ball.
- Rechte Schulter hängt leicht. Dies ist bedingt durch die rechte Hand, die tiefer am Schläger ist als die linke, und auch erwünscht, um der ganzen linken Körperseite eine gewisse Festigkeit zu geben.
- Gewicht auf der Innenseite der Füße, Ball vor dem linken Absatz, Knie leicht einwärts.
- Richten Sie Ihr Augenmerk besonders auf das eingezeichnete Dreieck. Es ist von übergeordneter Bedeutung für jeden Golfschwung (vgl. S. 45).

Die richtige Ansprech-Geometrie.

Zielen

Von allen Dingen, die es vor dem eigentlichen Schlag zu erledigen gilt, ist richtiges Zielen das wichtigste. Während der richtige Griff und die korrekte Ansprechhaltung bei sorgfältigem Üben bald zur Routine werden, muß dem Zielen stets volle Konzentration gewidmet bleiben. Auch das Zielen sollte so einfach wie möglich vor sich gehen:

Es beginnt damit, daß der Schlägerkopf square hinter dem Ball aufgesetzt wird. Normalerweise hält man den Schläger in der rechten Hand, nähert sich dem Ball von hinten und stellt sich dabei immer die gerade Linie vor, die vom Ball zum Ziel verläuft. Den Schlägerkopf richten wir

so lange hinter dem Ball aus, bis er die vermeintlich korrekte Position einnimmt. Erst wenn dies zu unserer Zufriedenheit ausgefallen ist, richten wir unser Augenmerk auf den Griff und

Zielen: 1. Schritt.

Zielen: 2. Schritt.

Zielen: 3. Schritt.

die Ansprechposition. So einfach die Methode mit dem Schlägerkopf ist, so einfach geht's auch mit dem Zielen Teil 2 weiter. Jetzt nämlich wird der Körper square zum Schlägerkopf ausgerichtet. Parallel zur Linie Schlägerkopf – Ziel richten sich dabei die Füße, die Knie, die Hüften und die Schultern aus.

Eisenbahnschienen helfen den Vorgang zu verdeutlichen. Die äußere Schiene ist die Verbindungslinie Schlägerkopf – Ziel; die innere Schiene gibt die Richtung vor, nach der Sie Ihren Körper ausrichten. Alles eine Geometrie mit der Überschrift »square«. Wenn Sie sich ganz bewußt auf das Grundelement »square« konzentrieren, wird eine Vielzahl schlechter Tendenzen eliminiert. Sie geben sich selbst die besten Chancen, den Ball von Anfang an gerade und gleichmäßig zu treffen. Nicht umsonst sagt Jack Nicklaus, daß eine korrekte, sprich square Stellung zum Ball 90% der Voraussetzungen für einen guten Schlag ausmachen.

Greg Norman empfiehlt folgendes, wenn er sicherstellen will, daß Ballpo-

sition und richtige Zielansprache ordnungsgemäß zusammenwirken: Beim Ansprechen schaut er an sich herunter »durch« seine Hände hindurch, entlang dem Schläger bis zum Ball. Wenn dabei der Daumen der linken Hand den Rist des linken Fußes bedeckt, hat er die ideale Ansprechposition gefunden.

Es soll an dieser Stelle nicht verschwiegen werden, daß es auch andere Ansprechpositionen beim Zielen gibt. Der Körper ist dann je nach Bedarf mehr nach rechts oder links vom Ziel ausgerichtet. Dies ist aber immer nur dann notwendig, wenn man den Ball aus schlechten Lagen herausspielen muß oder der Ball bewußt in ganz bestimmter Weise manövriert werden, also etwa gewollt Kurven fliegen soll. Dazu später mehr (vgl. S. 81 ff.). Weil richtigem Zielen entscheidende Bedeutung zukommt, bedarf es dessen dauernder Überprüfung, und Sie tun gut daran, sich bei Ihrem Trainer oder einem Freund immer wieder die Bestätigung zu holen, daß Sie richtig ausgerichtet sind und alle Elemente wie angesprochen square zueinander

Zielen: 4. Schritt.

Jetzt geht's los.

verlaufen. Öfter nämlich, als man glaubt, weicht man von der idealen Ansprechposition ab. Da mögen Füße und Knie noch in korrekter Stellung sein, Hüfte und Schultern sind aber ganz beträchtlich von der Linie zum Ziel abgekommen. Wenn Sie sich selbst überprüfen wollen, legen Sie ei-

nen Schläger entlang Ihrer Fußspitzen und schauen Sie, wohin der Schläger zeigt. Zumindest Ihre Fußausrichtung bleibt so unter Kontrolle.

Mit Hilfe von Eisenbahnschienen läßt sich vom richtigen Ansprechen des Balles eine gute Vorstellung bekommen.

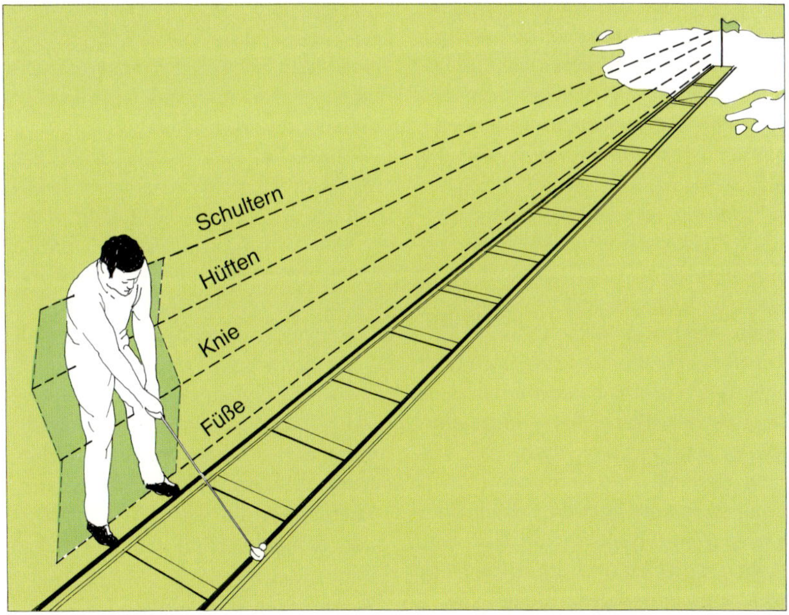

Schultern

Hüften

Knie

Füße

37

Die Hebel

Bevor wir uns dem eigentlichen Schwung zuwenden, noch zur Beantwortung der Frage, woher eigentlich die Kraft kommt, die es gestattet, mit so großer Wucht auf einen Ball zu schlagen, daß er 300 Meter und mehr fliegen kann. Bei einem solchen Superschlag ist auch die Schlägerkopfgeschwindigkeit im Treffmoment nicht zu verachten. Sie kann durchaus 200 km/Stunde betragen. Jeder besitzt in seinem Körper drei Kraftquellen, die er sich für den Golfschwung zunutze machen kann. Dies sind:

1. der Hüften/Beine-Hebel,
2. der Schultern/Arme-Hebel,
3. der Handgelenke-Hebel.

John zeigt hier die Situation, in der alle drei Hebel maximal aufgezogen sind, d.h. nichts anderes, als daß im Körper alle Kräfte aktiviert sind, die für einen Golfschlag zur Verfügung stehen. Die rechte Hüfte ist beim sog. Rückschwung um etwa 45° nach hinten gedreht, die Schultern um mehr als 90°, wobei der Winkel linker Arm/Schulterlinie etwa 45° erreicht. Die Handgelenke sind im höchstmöglichen Maß abgewinkelt.

Das Geheimnis eines kraftvollen Golfschlages besteht nun darin, sich diese vorerst noch gespeicherte Kraft in der Weise zunutze zu machen, daß das Freisetzen der drei Kraftquellen zu einem Summeneffekt der maximalen Einzelkräfte führt. Und vor allem besteht die große Kunst darin, die Hebel nicht gegeneinander arbeiten zu lassen, weil sich sonst die addierende Wirkung verliert. Ohne schon hier in die Details zu gehen: Ein korrekter Golfschwung ist dadurch gekennzeichnet, daß zuerst der Hüfthebel, dann der Arme/Schultern-Hebel zusammenspielen, um dem Schlägerkopf eine gewisse Grundgeschwindigkeit zu geben. Für das i-Tüpfelchen sorgen dann die Hände, die erst ganz kurz vor dem Treffmoment ihre Hebelposition aufgeben und zu einer Art Peitscheneffekt führen.

Wie schon gesagt: Die Schlägerkopfgeschwindigkeit ist das Ergebnis der Arbeit eines Hebelsystems bestehend aus Händen und Armen, Armen und Schultern sowie Hüften und Beinen, wobei zu den Beinen natürlich auch die Knie und die Füße gehören. Alle Körperteile haben eine bestimmte Aufgabe, und der gewünschte Maximaleffekt stellt sich nur ein, wenn alle Teile während des Schwungs wohl aufeinander abgestimmt arbeiten.

Was passiert zum Beispiel, wenn die Muskeln, die für die Geschwindigkeit verantwortlich sind, diese nicht in der nötigen Weise produzieren? Dann treten naturgemäß die größeren, aber langsamer arbeitenden Muskeln in Aktion im sinnlosen Bemühen, die fehlende Schnelligkeit auszugleichen. Das sieht dann so aus, daß Schultern und Hüften über die Gebühr gedreht und in den Schlag geworfen werden. Wer hat sie noch nicht gesehen, die vielen Spieler im verzweifelten Versuch, mangelnde Länge ihrer Schläge

Die Hebel beim Golfschwung.

durch betonten Einsatz des Körpers auszugleichen. Übertriebener Einsatz von Schultern und Hüften aber bringt keinerlei zusätzliche Schlägerkopfgeschwindigkeit, sondern erhöht vielmehr nur die Gefahr, sich mit dem Schläger in einer falschen bzw. unerwünschten Schwungebene (von außen) zu bewegen.

Welche Muskeln aber sind die schnellen und welche haben eher unterstützende Funktion? Am besten, Sie stellen dies für sich selbst in einem kleinen Experiment fest. Schlagen Sie mit Ihren Händen hin und her — so schnell Sie können. Anschließend schwingen Sie einen Ihrer Arme so schnell wie möglich vor und zurück. Stehen Sie danach nur auf einem Bein und schwingen Sie das andere vor und zurück — wiederum so schnell, wie Sie es vermögen. Schließlich drehen Sie sowohl Ihre Schultern als auch die Hüften. Welchen Körperteil konnten Sie am schnellsten bewegen? Fraglos die Hände, gefolgt von den Armen, dann sehr deutlich langsamer die Beine und schließlich Hüften und Schultern, die sichtbar hinterherhinken. Weil also Ihre Hände und Arme die höchste Geschwindigkeit produzieren, sollten sie auch in erster Linie herangezogen werden, die Schlägerkopfgeschwindigkeit zu erzeugen. Weil aber mit zunehmender Geschwindigkeit die Kräfte, die auf Ihren Körper wirken, immer größer werden, sind die bereits erwähnten größeren Muskeln aufgerufen, die kleineren (schnellen) Muskeln zu unterstützen. Wir benötigen sie, um die Schwungbewegung stets unter Kontrolle halten zu können. Zusammengefaßt heißt das: Mit Händen und Armen erzeugen wir jene Schlägerkopfgeschwindigkeit, die unseren Schlägen die gewünschte Länge gibt, der Rest des Körpers sorgt dafür, daß Arme und Hände in der gewünschten Weise überhaupt aktiv werden können. Haben Sie dieses Grundprinzip stets vor Augen, wenn Sie sich mit den Einzelelementen des Schwungs auseinandersetzen.

Über die Art, wie die Hebel wirken, läßt sich auch guten Einblick gewinnen, ob ein Golfschlag mehr durch reine Kraft oder mehr durch Schwung zustande kommt. Man unterscheidet ja unter den Spielern grundsätzlich zwischen sogenannten »Hittern« und den »Schwingern«. Die Hitter nützen vor allem ihren Schulter/Arme/Hände-Hebel, der höchste Effizienz erstens durch das kraftvolle Herunterziehen der Arme und zweitens das Strecken des rechten Armes bekommt. Dabei ist mehr oder weniger nur Muskelkraft im Einsatz. Die Schwinger hingegen geben Priorität dem Hüften/Beine-Hebel. Bei diesem fußt man weniger auf reiner Muskelkraft, sondern vielmehr auf der Fliehkraft, die sich durch die Hüftrotation einstellt. Die Einzelheiten über das Zusammenspiel der Hebelkräfte im Golf finden Sie in HOMER KELLEY's »The Golfing Mashine« (siehe Literaturverzeichnis). Der Autor ist Physiker und hat alle Bewegungen aus der Sicht der Gesetze der Mechanik untersucht. So interessant die Ergebnisse, so schwierig ist das Buch zu lesen (leider). Guten Ge-

Die Hebel

wissens empfohlen werden kann es daher nur einschlägig Vorgebildeten mit Spezialkenntnissen in Englisch. Beim Golfschwung also werden Hebel in Aktion gesetzt und jeder Spieler sollte von Anfang an darum bemüht sein, seinen Körper dabei in einer möglichst natürlichen Bewegung zu belassen. Die einfache Wahrheit ist, daß ein technisch schlechter, dafür aber natürlicher Schwung besser, sprich effizienter ist als korrekte technische Einzelaktionen ohne natürliche Bewegungsabläufe, weil daraus nie ein wirkungsvoller Schwung werden kann. Wenn Sie Ihrer natürlichen Bewegung freien Lauf lassen, wird sich Ihr Schwung in einer ganz speziellen sog. Schwungebene abspielen. Beobachten Sie daraufhin einmal Ihre Mitspieler.

Die Abbildungen zeigen einen sehr steilen Schwung und einen sehr flachen. Die meisten Golfer schwingen in einer Ebene irgendwo in der Mitte der beiden Extreme.
Vielfach wird ein möglichst steiler Schwung propagiert, weil die Schwungbahn dabei sehr nah an der Linie zum Ziel liegt. Über steiles oder flaches Schwingen sollten Sie sich nicht allzu viele Gedanken machen. Bei der korrekten Ansprechhaltung, die Sie bisher entwickelt haben, bestehen die besten Chancen, daß sich auch die für Sie beste aller möglichen, nämlich die natürliche Schwungebene von selbst einstellt. Die Erfahrung zeigt, daß große Menschen eher zu einer steileren Schwungebene tendieren, kleinere in der Regel flacher schwingen.

Große Statur: steile Schwungebene.

Kleine Statur: flache Schwungebene.

Der Schwung

Den absoluten Golfschwung – dies gleich zu Beginn – gibt es in praxi nicht. Theoretisch allerdings sind alle Details eingehend untersucht. Jeder Spieler hat besondere physikalische und emotionale Eigenheiten, die sich natürlich auch in seinem Golfschwung widerspiegeln. Was es tatsächlich gibt, ist ein bewährter Weg, die Gesetzmäßigkeiten eines korrekten Schwunges an den Mann zu bringen. Einmal mehr wird an das Puzzle erinnert. Aus einer Vielzahl von Einzelelementen setzt sich der Schwung zusammen. Bevor wir aber in die Einzel-

Der Schwung von innen: Hier ist deutlich zu sehen, wie der Schläger nach innen zurückgeschwungen wird und beim Vorschwung von innen an den Ball kommt. Beachten Sie die Körperhaltung: Sie bleibt während des gesamten Schwunges annähernd unverändert.

heiten gehen, schauen Sie sich einen vollen Golfschwung an, damit Sie wissen, wohin die Reise geht.

Von innen nach innen

Richten Sie Ihr Augenmerk auf den Schlägerkopf und seine korrekte Linie während eines vollen Schwunges. Der Schläger schwingt nach dem Start gerade zurück und bewegt sich dann in fließender Bewegung nach innen und oben, um den Körper herum bis zum Ende der Ausholbewegung, in der Golfsprache bis zum Ende des Rückschwunges. Von hier aus – und jetzt kommt etwas, das Sie in Ihrem Golfleben nie vergessen sollten – führt der

Weg zurück zum Ball, aber auf einer Linie, die innerhalb (!) der Linie des Rückschwunges liegt. Nur so kommen Schlägerkopf und Ball zu idealer Berührung. Der Schlägerkopf nämlich befindet sich nur dann in der gewünschten Stellung während des Treffmoments, wenn er sich von innen zum Ball bewegt, sich beim Treffen auf der Ziellinie befindet und anschließend nach innen ausschwingt. Dieser sogenannte »Von Innen- nach Innen-Schwung« ist zentrale Voraussetzung erfolgreichen Golfs. Nur mit dieser Technik lassen sich Weite und Genauigkeit dauerhaft verbinden. Hier wird ersichtlich, was die meisten guten Spieler als den wichtigsten

Der Schwung von innen. Nur so kommen Schlägerkopf und Ball zu idealer Berührung.

Punkt des gesamten Schwungs ansehen: die Kontrolle des Schlägerkopfes. Zur Verdeutlichung dieses »Von Innen- nach Innen-Schwungs« Bilder aus der Sicht einer Überkopfkamera. Deutlich zu sehen, wie der Schlägerkopf beim Vorschwung von innen an den Ball kommt, sich für kurze Zeit gerade auf der Linie zum Ziel bewegt, um dann wiederum nach innen auszuschwingen. Von einigen Autoren wird diese Bewegung auch als *In to out*-Schwung bezeichnet. *In to in* erscheint uns jedoch die passendere Benennung.

Im Gegensatz dazu gibt es auch den *Out to in*-Schwung. Hierbei schwingt der Schlägerkopf schon vor dem Treffmoment über die Linie zum Ziel, so daß er beim Treffen von außen an den Ball kommt. Verantwortlich hierfür ist meistens eine zu früh in den Schwung gebrachte Schulterdrehung. Vielfach ist das Ergebnis eines *Out to in*-Schwungs ein Slice – eine gefürchtete Anfängerkrankheit.

Der halbe Schwung

Die Grundidee eines Golfschwungs ist: Bring den Schlägerkopf auf die Linie zum Ziel und zwar – und das ist es, was die Sache so kompliziert macht – mit Geschwindigkeit. Um den Lernprozeß so einfach wie möglich zu gestalten, beginnen wir mit einem nur

Der halbe Schwung

halben Schwung und das Ganze ohne Geschwindigkeit. Wir gehen dazu zurück zu unserer Dreiecks-Position auf S. 35. Schauen Sie sich genau an, welche zentrale Bedeutung das Dreieck für den Schwung hat.

Das Körperdreieck bleibt während des Schwunges bis auf Höhe der Hüften fast unverändert erhalten. Hier läßt sich der Beweis erbringen, wie die Ansprechposition in den Schwung eingeht und dies in seiner Ausführung maßgeblich beeinflußt.

Studieren Sie die im folgenden angesprochenen Körperpositionen ganz genau! Sie alle haben innerhalb des Gesamt-Puzzles »Schwung« entscheidende Bedeutung. Um den Schwung als Ganzes zu verstehen, sollten Sie eine klare Vorstellung von den Einzelelementen haben. Im folgenden gehen wir die einzelnen Positionen nacheinander durch.

Körperdreieck beim halben Schwung.

Ansprechen

Rückschwung

Treffmoment

Vorschwung

Der halbe Schwung: Phase 1.

Der halbe Schwung: Phase 2.

Hier die Haltung bei Rückschwungbeginn. Alle wesentlichen Elemente sind square (Phase 1). Körperdreieck! Die Hände sind in Hüfthöhe (halber Schwung). Der Schlägerkopf zeigt infolge des squaren Griffs senkrecht nach oben (Phase 2). Der linke Arm bleibt gestreckt, wie in der Ansprechhaltung, der rechte Ellenbogen beginnt sich zu beugen. Beide Oberarme liegen am Körper an. Die Schultern drehen sich. Die linke Schulter ist dabei auf dem Weg unter das Kinn. Die Hände sind schon leicht abgewinkelt. Die rechte Hüfte dreht sich zurück. Das linke Knie folgt dem Zug. Das rechte Bein bleibt leicht gebeugt wie in der Ansprechposition. Es bildet praktisch einen Anker bei der Drehung nach rechts. Um diese Funktion in der gewünschten unnachgiebigen Weise während des gesamten Schwungs aufrechterhalten zu können, bleibt das Gewicht auf der Fuß-Innenkante. Der Kopf bleibt ruhig; der Blick ist auf den Ball fixiert.

Im Treffmoment sind die Schultern wieder zu ihrer squaren Ausgangsposition zurückgekehrt (Phase 3). Die rechte Hüfte hat sich infolge der mit dem Schlag verbundenen Körperdrehung schon leicht zum Ball gewendet. Das rechte Knie deutet auf den Ball. Der ganz entscheidende Unterschied zur Ansprechposition ist nur bei etwas genauerer Betrachtung zu erkennen. Die ursprünglich 50:50 Gewichtsverteilung hat sich verändert. Das Körpergewicht ruht jetzt deutlich auf der linken Seite.

Beim Vorschwung schwingen Arme und Schläger bis in Hüfthöhe aus (Phase 4). Der Schläger zeigt in Richtung Ziel, der Schlägerkopf steht senkrecht. Beide Arme sind gestreckt. Die Oberarme liegen eng am Oberkörper an. Infolge der Schulterdrehung bewegt sich die rechte Schulter in Richtung unter das Kinn. Das Körpergewicht liegt jetzt deutlich erkennbar auf dem linken Bein. Durch die Drehung der Hüften bekommt das rechte Knie eine ausgeprägte Vorwärts/Einwärts-Tendenz. Besonders auffallend ist die Kopfhaltung. Sie hat sich immer noch nicht verändert. Der Kopf bleibt da, wo er anfangs war. Er stabilisiert quasi die Körperachse, so

Der halbe Schwung: Phase 3.

Der halbe Schwung: Phase 4.

daß es beim Schwung nicht zu einem Rückwärts/Vorwärts-Schwanken (!) kommt, sondern tatsächlich zu der gewünschten Drehbewegung um die Körperachse. Nur dadurch nämlich ist sichergestellt, daß der Schlägerkopf auf der Linie zum Ziel schwingt.
Bei korrekter Ausführung des beschriebenen halben Schwungs wird der Ball gerade (square) getroffen und fliegt demzufolge in gerader Linie in Richtung Ziel. Beim Studium des Vorgangs fällt auf, daß es sich um annähernd symmetrische Bewegungen der beiden Körperhälften handelt. Gehen Sie alle beschriebenen Positionen durch und stellen Sie sicher – am besten zu Hause vor dem Spiegel unter Verwendung sogenannter Luftbälle –, daß die beiden Körperhälften abwechselnd immer fast identische Bewegungen ausführen. An der Linie, die Ihr Schlägerkopf beschreibt, wird darüber hinaus deutlich, was man unter einem squaren Griff während des Schwunges versteht. Ein Faktum, das beim vollen Schwung von größter Bedeutung ist, wie Sie gleich sehen werden (vgl. S. 63).

Obwohl es sich nur um einen halben Schwung handelt, stellen Sie fest, daß der Ball, vor allem wenn Sie ihn gut treffen, doch schon ziemlich weit fliegt. Woher aber kommt die Kraft? Ein Blick wiederum in den Spiegel gibt Aufschluß. Ganz instinktiv nämlich drehen sich beim Vorschwung die Hüften, wenn auch beim halben Schwung nur recht unauffällig; aber mit steifen Hüften ginge gar nichts. Sie setzen also einen der beschriebenen Hebel in Funktion. Indem Sie die Arme herunterziehen, kommt auch schon der zweite Hebel zum Zuge. Die so freigesetzte Energie läßt die Arme mit dem Schläger durch den Ball schwingen und die Hüften drehen sich über die Square-Position hinaus. Um beide Hebel in der richtigen Weise in Gang zu setzen, ist Grundvoraussetzung die Gewichtsverlagerung des Körpers nach links und zwar so, daß etwa 70% auf dem linken und nur 30% auf dem rechten Bein lasten, wenn der Schläger beim Vorschwung in Hüfthöhe anhält. Es ist logisch, daß dieser Vorgang nur dann gut funktioniert, wenn man sich vom rechten Bein ausreichend abstoßen kann. Das setzt voraus, daß beim Rückschwung das Gewicht nach rechts verlagert wird, so daß die Gewichtsverteilung deutlich spürbar für die rechte Seite ausfällt. Versuchen Sie diese Verlagerung des Gewichts vor, zurück und wieder vor und schauen Sie dabei in den Spiegel. Ziel ist, die Bewegung mit dem Unterkörper zu steuern; aktiv sind nur die Beine und Hüften, nicht aber der Oberkörper! Der bleibt dabei vollständig ruhig. Warum ist diese Gewichtsverlagerung so wichtig? Sie stellt sicher, daß man während des Schlages nicht nach hinten fällt, wie es bei Golfneulingen so oft zu beobachten ist. In diesem Fall würden sich die Hebelkräfte nämlich nicht addieren, sondern gegenseitig aufheben. Zudem sorgt sie, wie gehört (vgl. S. 46), dafür, daß die Arme und Hände in der richtigen Weise aktiv werden können.

Wir können nicht genug betonen, daß es in Ihrem Golfleben natürlich in erster Linie auf das praktische Üben ankommt. Sie kennen sicherlich schon den Spruch von den Millionen Bällen, die es jetzt zu schlagen gilt. Denken Sie dabei aber immer an das erwähnte Puzzle. Schaffen Sie sich mit der korrekten Ausführung der halben Schläge ein solides Fundament für Ihr weiteres Golf. Und erst, wenn Sie und Ihr Trainer wirklich sicher sind, daß es mit den halben Schwüngen klappt – Sie fließende, elegante und dabei treffsichere Bewegungen entwickelt haben –, dann und wirklich erst dann auf zu neuen Ufern!

Der volle Schwung mit einem Driver.

1

5

Der volle Schwung

Der volle Schwung

Im Vertrauen auf Ihre inzwischen entwickelten Fähigkeiten kommen wir jetzt zum vollen Schwung. Alle physischen und psychischen Möglichkeiten werden nun sozusagen brennglasartig auf das Treffmoment verdichtet. Wie im Vorhergehenden bereits erwähnt, schwingt jetzt der Schlägerkopf mit voller Geschwindigkeit auf der Linie zum Ziel. Im Zuge des gesamten Schwungs geht der Schlägerkopf dabei durch Schlüsselpositionen.

Wir erklären diese; Sie sollten dabei aber immer den gesamten Schwung im Auge behalten, denn Einzelerklärungen haben nur dann Sinn, wenn sie sich in das gesamte Schwungpuzzle nahtlos einfügen. Es ist schon so, wie Jack Nicklaus sagt: Die ersten etwa 20 cm Bewegung vom Ball weg nach hinten zählen beim Schwung zum Wichtigsten überhaupt. In diesem Bereich befindet sich praktisch die Schaltstelle für all das, was nachfolgt (Phase 1). Wie soll der Rückschwung beginnen, um Fehler

schon beim Start zu vermeiden?
Die Regel ist: *low and slow!* Führen
Sie den Schläger so nahe am Boden
wie möglich. Sie stellen auf diese
Weise sicher, daß Sie die Drehung
der Schultern betonen, damit einen
großen Schwungradius erzielen und
die Hebel weitestmöglich aufziehen.
Je weiter man in der Lage ist, den
Schlägerkopf vom Körper wegzuführen, desto weiter kann man den Ball
schlagen – vorausgesetzt, daß man
dabei nicht das Gleichgewicht und
den Rhythmus verliert. Der Radius der
Bewegung ist vorgegeben durch den
gestreckten – nicht steifen – linken
Arm. Das Geheimnis, wie die gewünschte langsame Bewegung am
Boden entlang zustande kommt, liegt
darin, den Rückschwung mit dem gesamten Körper zu starten, so wie wir
das schon vom halben Schwung her
kennen.

Der Rückschwung

Jetzt, wo es mit dem Schläger sozusagen bis hinter den Kopf geht, könnte
man meinen, der Rückschwung sei nur
eine Sache der Hände; tatsächlich
aber ist es so, daß er mit Händen,
Armen, Schultern, Hüften und Beinen
gleichzeitig begonnen wird, und alle
diese Körperteile arbeiten zusammen
in einer fließenden Bewegung. Würde
man etwa nur Händen und Armen
den Vorrang geben, so hebt man den
Schläger mehr oder weniger mit den

Der volle Schwung: Phase 1.

Der Rückschwung

Handgelenken hoch, und dies kann weder *low* noch *slow,* also weder tief noch langsam erfolgen. Je eher Sie beim Rückschwung die Handgelenke abwinkeln, desto kleiner wird der Schwungradius und je weniger Kraft haben Sie für den Schlag. Die Richtung, die der Schläger auf dem Weg zurück nehmen soll, ist eine vieldiskutierte Angelegenheit. Früher wurde einmal die Meinung vertreten, sich sozusagen auf gerader Linie vom Ball wegzubewegen. Das aber ist völlig unmöglich. Da sich unser Körper dreht, dreht sich auch der Schlägerkopf synchron um den Körper; er schwingt also vom Start weg nach innen zurück. Zu bedenken hat man aber, daß, je mehr man den Versuch macht, den Schläger gerade vom Ball wegzuführen – obwohl er tatsächlich einwärts geht –, desto größer wird der Schwungradius mit all seinen positiven Folgen.

Auf dem Weg nach oben verlassen Arme und Schläger den vertrauten Bereich des halben Schwungs. Während der Schläger nach oben und um den Rücken herum schwingt, erfolgt das eigentliche Drehen der Hüften und der Schultern (Phase 2). Am Ende des Rückschwunges haben sich die Schultern um 90° (auch mehr ist möglich) gedreht. Die linke Schulter ruht unter dem Kinn und deutet auf den Ball. Die Hüften stehen jetzt im 45°-Winkel (auch hier ist mehr durchaus möglich) zur squaren Ansprechposition. Der Schläger steht am Ende des Rückschwungs parallel zum Boden und parallel zur Ziellinie. Auch der linke Daumen zeigt zum Ziel. Der Schlägerkopf nimmt infolge des squaren Griffs die auf der Bildserie erkennbare Position ein. Der rechte Ellenbogen zeigt senkrecht auf den Boden und steht frei weg vom Körper (vgl. Abb. S. 39).

Der volle Schwung: Phase 2.

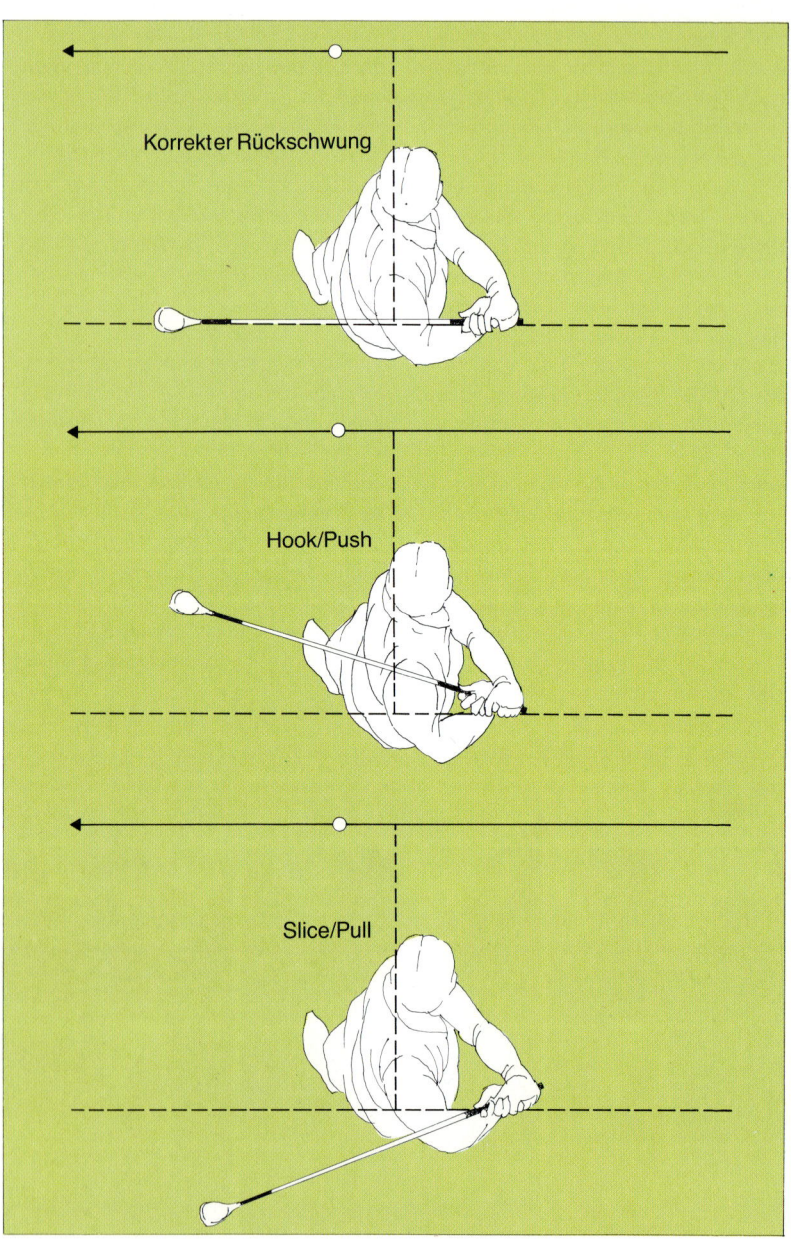

Korrekter Rückschwung

Hook/Push

Slice/Pull

Der Rückschwung

Am Ende des Rückschwungs: ein gestreckter linker Handrücken.

Was machen die Beine? Das linke Knie ist dem Zug der Hüften gefolgt und zeigt jetzt leicht nach rechts hinter den Ball. Der linke Absatz hebt infolge der Drehung ab. Wobei dies naturgemäß variiert, wenn nur ein Eisen 7 mit relativ wenig Aufwand geschlagen wird oder ein Driver mit höchstmöglichem Einsatz. Beim Spiel mit dem kurzen Eisen (Eisen 8 bis Sand Wedge) bleibt der linke Absatz stets fest am Boden fixiert. Der Grad des Abhebens ist auch abhängig vom Alter, vom Körperbau und der Beweg-

Der linke Handrücken befindet sich in einer Linie mit dem Arm. Achten Sie besonders darauf, daß er nicht abgewinkelt ist. – Die Grafik zeigt die möglichen Stellungen des Schlägers am Ende des Rückschwungs. In allen Fällen gehen wir davon aus, daß die Schultern 90° aufgedreht sind und der Schlägerschaft sich in horizontaler Lage befindet. Auf der oberen Abbildung ist alles korrekt. Der Schläger zeigt zum Ziel. Die Schlägerstellung auf dem mittleren Bild führt zu einem Schlag, der den Ball als Hook nach links oder Push nach rechts vom Ziel befördert (vgl. S.79). Beim Schlag mit der Schlägerstellung wie auf dem unteren Bild dargestellt geht der Ball als Pull nach links oder als Slice nach rechts vom Ziel.

◁ Das Ende des Rückschwungs von oben. Die Schultern sind jeweils um 90° gedreht. Korrekt ist, wenn der Schläger zum Ziel weist. Abweichungen von dieser Stellung befördern den Ball in der Regel auf eine unerwünschte Flugbahn.

Stellung der Füße während des Rückschwungs.

Die häufigsten Fehler im Schwung:
– gebeugter linker Arm,
– Hüften, Knie und Kopf haben ihre vorge-
  schriebene Position verlassen,
– der linke Fuß hebt zu sehr ab.

Der volle Schwung: Phase 3.
– Erste Bewegung beim Abschwung,
– Knie in Richtung auf das Ziel.

lichkeit des Spielers. Bei älteren Spielern können die Hüften nur dann
ausreichend gedreht werden, wenn
der Absatz deutlich abgehoben wird.
Ein Problem muß hier nachhaltig angesprochen werden. Wesentliche
Konzentration sollten Sie darauf verwenden, sich beim Rückschwung auf-
zudrehen und nicht Ihr Körpergewicht
etwa nur nach rechts zu schieben,
was in der Golfsprache als *Sway*
(to sway – schwanken, sich wiegen)
bezeichnet wird. Der Sway ist einer
der schlimmsten Feinde des Golfschwungs. Am besten vermeiden Sie
ihn, wenn Sie sicherstellen, daß Sie
während des gesamten Rückschwungs die Innenkante des rechten
Fußes betont belastet halten. Wenn
Sie zudem noch, wie in der Ansprechposition, Ihr Hinterteil nach hinten hin-
ausgestreckt halten, rastet – so könnte man es fast sagen – die rechte
Hüfte bei der Winkelstellung von etwa 45° förmlich ein und Ihre ganze
rechte Seite bekommt jene Festigkeit,
die das Ausbrechen des rechten Knies

Der Rückschwung

als Initialzündung des Sways verhindert. Sie können den Sway an sich selbst sehr gut diagnostizieren: Wenn sich Ihr Gewicht auf die Außenkante des rechten Fußes verlagern kann, dann ist Alarmstufe 1. Die am häufigsten vorkommenden Fehler sind auf der linken Seite abgebildet:

- Gebeugter linker Arm.
- Swayen – Hüfte und Knie brechen aus.
- Der linke Fuß hebt zu sehr ab.

Kein Ende des Kapitels Rückschwung ohne die Anmerkungen von zwei der größten Golfer unserer Zeit. Jack Nicklaus sagt, wenn er nur einen einzigen Rat in Sachen Golf geben könnte: »Beende deinen Rückschwung.« Vor allem unter Druck wird diese eiserne Regel vergessen, und der Vorschwung setzt schon ein, noch ehe der Rückschwung zur Gänze ausgeführt ist. Und Ben Hogan: »Ein guter Vorschwung hängt im wesentlichen von einem korrekt ausgeführten Rückschwung ab. Alle Bewegungen sollen fließend und gut aufeinander abgestimmt sein.« Als erstes erreichen die Knie und Hüften das Ende des Rückschwungs, dann erst die Schultern. Wenn diese ihre Drehung beendet haben, gehen die Arme noch ein bißchen weiter. Und beendet ist der Rückschwung erst dann vollständig, wenn das Abknicken der Hände infolge des Schlägerkopfgewichtes aufhört.

Nun sollte man erwarten, daß der Vorschwung dort beginnt, wo der Rückschwung aufgehört hat – nämlich oben bei Händen und Armen. Dies ist aber ganz und gar nicht so. Und weil von dieser Bewegungssymmetrie abgewichen wird, haben wir es jetzt mit einer ausgesprochen kritischen Phase zu tun: neben »den ersten 20 cm« der zweiten während des gesamten Schwungs (Phase 3). Die erste Bewegung beim Vorschwung ist eine Vorwärts-Drehbewegung des Unterkörpers. Vergessen Sie getrost Ihre Arme, Schultern und den Schläger und konzentrieren Sie sich ausschließlich auf die Beine und Hüften.

Einsatz der Beine, Hüften, Schultern und Arme

Hier sehen Sie ganz deutlich, wie John seine Beine in Richtung auf das Ziel wirft. Eine Bewegung, die durch die Knie eingeleitet und durch die Hüften unterstützt wird. Wenn Sie den Vorschwung nicht mit dieser Aktivität des Unterkörpers beginnen, dürfte es unmöglich sein, nicht nur den Schlägerkopf square auf die Linie zum Ziel zu bringen, sondern ihm auch höchste Geschwindigkeit zu verleihen.

Durch die betonte Vorwärts-Drehbewegung der Hüften bekommt der Körper genug Impuls nach vorn, so daß das Körpergewicht nach links verlagert werden kann – außer Sie machen den bewußten Versuch, das Gewicht zurückzuhalten, was das Ende des korrekten Schwungs bedeutet.

Am Beginn des Vorschwungs werden die Beine in Richtung Ziel geworfen.

Am Baseball-Schwung wird deutlich, wie die Hüften »ziehen« und die Hände »arbeiten«.

Körpereinsatz

Bei richtiger Verlagerung sind bereits 80% auf der linken Seite, lange bevor der Ball getroffen wird. Durch die Bewegung der Hüfte bekommen die Schultern und Arme sozusagen einen eher passiven Start. Sie werden nämlich nicht schon von ganz oben bewußt und mit Muskelkraft in Aktion gesetzt – dies geschieht etwas später –, sondern sie folgen nur dem Zug der Hüften. Worum es hierbei geht, »erfühlen« Sie am besten mit folgender Übung.

Stehen Sie fest auf beiden Füßen und halten Sie den Schläger waagerecht vor sich. Jetzt ein Rückschwung mit voller Drehung der Hüften und Schultern, bei steifem linken Arm. Drehen Sie jetzt so schnell Sie können Ihre Hüften nach links und lassen Sie den Oberkörper dabei völlig passiv.

Sie werden erstaunt feststellen, wieviel Schlägerkopfgeschwindigkeit Sie erzielen, ohne einen Muskel im Oberkörper eingesetzt zu haben. Hier wird deutlich, wieviel »Schwung«-Kräfte Ihnen der Körper zur Verfügung stellen kann. Spüren Sie den Druckpunkt des linken Oberarms an der linken Brust! Das ist einer der sogenannten Kraftpunkte beim Golfschwung.

Erst dann also, wenn der Schwung durch Beine und Hüften in Gang gesetzt wurde, ist es Zeit für die Arme, ins Spiel zu kommen. Die Arme ziehen jetzt bewußt in der Weise nach unten, daß sich der Schlägerschaft in Richtung Ball bewegt. Der rechte Ellenbogen geht zur rechten Hüfte, der linke Arm bleibt gestreckt. Das Körpergewicht ist mittlerweile zu mehr als 90% auf dem linken Bein. Die Hände bleiben, bis die Arme in Hüfthöhe sind, deutlich abgewinkelt. Noch ist es zu früh für den 3. Hebel.

Ganz wichtig: Halten Sie Ihre Schul-

Der Schwung

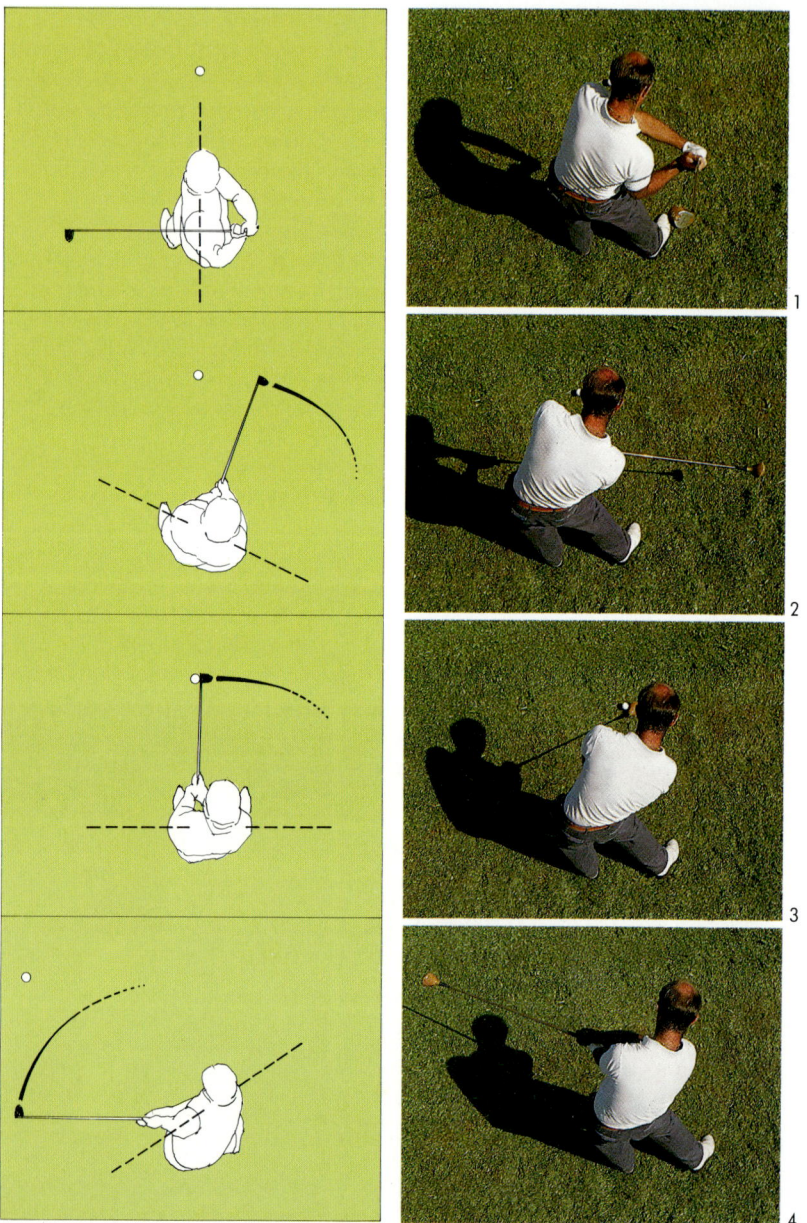

58

◁ Einer der wesentlichen Gründe dafür, daß ein Schlag mißlingt, ist, daß die rechte Schulter übertrieben in den Schlag geworfen wird. Halten Sie deshalb während des Vorschwungs die rechte Schulter so lang wie möglich zurück. Im Treffmoment darf sie keinesfalls schon über »square« gedreht haben.

tern so lange zurück wie irgend möglich. Stellen Sie sich vor, Ihr Schultergürtel sei am Ende des Rückschwungs fixiert, und versuchen Sie, nun den Ball zu schlagen, ohne daß Ihre Schultern sich über die Ziellinie hinausdrehen. Nur so stellen Sie sicher, daß Sie den Ball auf der Linie zum Ziel treffen. Richtig machen Sie es, wenn sich das Gefühl einstellt, daß Sie die Arme ganz ausgeprägt nach vorne in Richtung Ziel gebracht haben.

Vorschwung und Finish

Wenn Sie einen wirklich guten Spieler beobachten, richten Sie einmal Ihr besonderes Augenmerk darauf, wie er beim Vorschwung zuerst die Beine und Hüften ins Spiel bringt. Es hat immer den Anschein, als würde der ganze Unterkörper erst kräftig nach vorne geworfen, bevor der Ball getroffen wird. Dies führt automatisch dazu, daß der Ball, wie eingangs dieses Kapitels gezeigt, in einem »Von Innen nach Innen-Schwung« getroffen wird, der Schlägerkopf also innerhalb der Linie bleibt, die er beim Rückschwung genommen hat.

Die am häufigsten zu beobachtenden Fehler beim Vorschwung sind erstens der viel zu frühe Beginn des Vorschwungs, wenn nämlich der Rück-

Beachten Sie die Hüften während des Treffmoments und auch, wie die Hände arbeiten.

Der volle Schwung: Phase 4.

schwung noch gar nicht beendet ist. Zweitens wird die Schulter schon über die Linie zum Ziel gedreht, noch ehe der Ball getroffen ist, und drittens schwankt der ganze Oberkörper zu schnell auf die linke Seite, sprich in den Schlag hinein. Alle diese Fehler gehen zu Lasten des korrekten Bewegungsablaufs (Timing) mit der Folge des Verlusts von Weite und auch Genauigkeit.

Im Treffmoment zeigt das rechte Knie zum Ball und der rechte Fuß hebt infolge der Hüftdrehung vom Boden ab. Das Gewicht ist, wie gesagt, zu 90% auf der linken Körperseite. Der bis jetzt zurückgehaltene 3. Hebel, die Handgelenke haben sich gestreckt und zugeschlagen. Der Kopf bleibt während des gesamten Schwungs hinter dem Ball, und deutlich ist zu erkennen, daß die rechte Schulter nach unten gegangen ist. Achten Sie auch

auf die gerade Linie von der linken Schulter hinunter zum Ball – wieder ein Beweis, wie die Ansprechposition in den Schwung eingeht.

Nachdem der Ball getroffen ist, kann man naturgemäß nichts mehr machen, um seinen Flug weiter zu beeinflussen. Dennoch hat es mit dem Durchschwung eine besondere Bewandtnis. Ein gutes Finish nämlich ist das Ergebnis eines guten Schwungs, und von daher ist es wert, auch das unter die Lupe zu nehmen, was nach dem Treffen des Balles geschieht. Neben der Ihnen mittlerweile längst vertrauten Position des Körperdreiecks fallen vor allem beim Studium der Bilder die langgestreckten Arme auf. Sie und natürlich der Schläger weisen in Hüfthöhe auf das Ziel. Beide Oberarme liegen eng am Oberkörper an. Etwa ab Hüfthöhe schwingen dann die Arme nach innen und aufwärts zu ihrer Endposition über der linken Schulter (Phase 4). Der rechte Arm bleibt dabei so lang wie möglich gestreckt. Zum

Vorschwung und Finish

Schwungende hin verlagert sich das ganze Körpergewicht auf die linke Körperseite und man steht eindeutig auf der Außenseite des linken Fußes, während mit der Spitze des rechten nur die Balance gehalten wird. Das auffallendste Kriterium für ein gutes Finish ist, daß der Körper in Balance bleibt. Kein Vor- oder Rückwärtsschwanken und schon gar kein Zurückfallen mit dem ganzen Körper. Die gewünschte Endposition sollte es Ihnen ermöglichen, ohne weiteres einen Schritt nach vorne zu machen. Gelingt dies ohne Schwierigkeiten, haben Sie Ihr Körpergewicht perfekt nach links verlagert.

Nach dem Treffmoment (keinesfalls vorher! – vgl. S. 58) folgen die Schultern der Drehung der Hüfte, wobei die rechte Schulter schließlich unter das Kinn gelangt. Die Schultern sind es, die jetzt den Kopf aus seiner ursprünglichen Position lösen und damit die Möglichkeit schaffen, den Flug des Balles zu verfolgen. Der ganze Körper ist in Richtung auf das Ziel ausgerichtet, die Hüften sind square zur Ziellinie, die Gürtelschnalle der Hose weist auf das Ziel. Durch die starke Drehung der Schultern richtet sich der Oberkörper bei Schwungende in Richtung links vom Ziel aus. Der ganze Körper hat sich durch den Zug des Schlages gestreckt, so daß die Arme hoch über dem Kopf schwingen. Man spricht in diesem Zusammenhang von einem hohen Finish. Achten Sie auch darauf, daß beide Ellenbogen dabei relativ eng zusammenbleiben.

Ein perfekt ausbalanciertes Finish.

Mit Greg Norman, Gewinner der British Open 1986, zeigen wir einen der besten Stilisten des Golfschwungs.
(Spalding Werksfoto)

Tempo und Rhythmus

Bisher haben wir noch nichts über Rhythmus und Tempo des Schwungs gesagt. Allgemein verbindliche Empfehlungen lassen sich hierzu eigentlich nicht geben, denn zu sehr kommt dabei das persönliche Temperament ins Spiel. Wenn jemand zum Beispiel schnell geht und schnell spricht, dann ist von ihm mit großer Wahrscheinlichkeit kein ausgeprägt langsamer Schwung zu erwarten. Wer von Natur aus sehr bedächtig handelt, besitzt hierfür schon eher die Voraussetzungen. Schauen Sie sich daraufhin gute Spieler an. Sie alle haben innerhalb ihrer Lehrjahre viel Mühe darauf verwendet, ein Schwungtempo zu entwickeln, das ihrem Temperament und ihren körperlichen wie geistigen Fähigkeiten entspricht und von daher ideal auf sie zugeschnitten ist. Hat man seinen persönlichen Rhythmus gefunden, kommt es darauf an sicherzustellen, daß dieses Tempo bei allen Schwüngen konstant beibehalten wird. Ein Problem, das fast alle haben, ist, unter Druck mehr Tempo zu machen. Daraus resultieren dann jene Fehler, die zu den sogenannten Katastrophen (10 Schläge und mehr für ein Loch) führen können und für die man selbst so ohne weiteres keine Erklärung findet. Gerade unter Druck sollten Sie sich daher stets auf Ihr natürliches Tempo besinnen, wobei Voraussetzung ist, daß Sie daran gearbeitet haben und wissen, wie schnell oder langsam Sie schwingen müssen, damit Ihre körperlichen Fähigkeiten am besten zum Einsatz kommen. Was Rück- und Vorschwung anlangt, so sollte der Rückschwung stets langsamer sein, der Vorschwung natürlich mehr Tempo haben. Guter Rhythmus kann nicht gelehrt werden, man muß ihn selbst erfühlen. Das Studium von Spitzenspielern z. B. auf Video-Kassetten kann da entscheidend weiterhelfen.

Die Hände

Zu wenig haben wir bisher über unseren 3. Hebel, die Hände, gesagt. Werden sie in der Schwungabfolge richtig eingesetzt, tragen sie in geradezu ungeahnter Weise zu Länge und Genauigkeit der Schläge bei. Vielfach

wird dieser Hebel jedoch unbewußt blockiert, so daß er seine Wirkung verliert. Die Blockade sieht so aus, daß die Hände den Schläger kurz vor dem Treffmoment nicht genügend freigeben, meist bedingt durch einen zu festen Griff. Um Ihnen das Gefühl dafür zu geben, was dabei verlangt wird, gehen wir zurück zur Übung auf S. 56 f. Wir hatten diese Übung zur Verdeutlichung der Wirkung des Hüften/Beine-Hebels empfohlen. Richten Sie während der Übung nun Ihr Hauptaugenmerk auf die Hände. Halten Sie während der Hüftdrehung den Schläger durch bewußtes Abwinkeln der Handgelenke möglichst lange zurück und geben ihn erst dann frei, wenn die Zentrifugalkraft Sie praktisch dazu zwingt. Wenn Sie alles

weitere dann »natürlich« ablaufen lassen, merken Sie, wie die Hände nach dem Treffmoment »überrollen«. Wieder ein Wort der Golfsprache. Mit diesem aktiven Überrollen wird eine Art von Peitscheneffekt in Gang gesetzt, der höchste Schlägerkopfgeschwindigkeit nach sich zieht. Das hierbei so wichtige Freigeben des Schlägers geschieht bei einem guten Schwung ganz instinktiv; es wird ausgelöst durch die Zentrifugalkraft. Der Schlägerkopf nämlich scheint beim Vorschwung schwerer zu werden, wodurch die Handgelenke genau im richtigen Moment aus ihrer Winkelstellung gerissen werden, sich strecken und damit optimal arbeiten. Bei nähe-

Die Hände: der dritte Hebel.

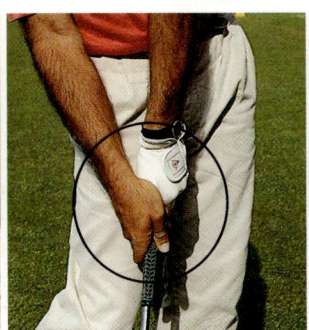

rer Betrachtung dieses Vorgangs stellen Sie fest, daß es ein Drehen der Unterarme ist, das den Schläger freigibt, wobei ein deutliches Ziehen in den Armen zu spüren ist.

Bei vielen von Ihnen dürfte das Freigeben des Schlägers nicht von alleine erfolgen, sondern Sie müssen bewußt daran arbeiten. Eine Eselsbrücke für aktives Freigeben des Schlägers kurz vor dem Treffmoment: Versuchen Sie, beim Vorschwung den linken Unterarm mit dem rechten zu berühren. Um diesen Effekt zu erzielen, müssen sich Ihre Arme so schnell wie möglich drehen. Aller Voraussicht nach werden sich Ihre Unterarme nicht wirklich berühren, aber allein die Vorstellung wird Ihnen helfen, das richtige Überrollen der Hände in den Griff zu bekommen.

Zur Kräftigung der Golfmuskulatur ist ein bewährtes Mittel die »Arbeit« am Autoreifen.

Der Kopf

Bisher sprachen wir immer davon, daß der Kopf während des ganzen Schwungs ruhig gehalten wird, sich aus der Ansprechposition nicht wegbewegt.

Den Kopf hat man sich als das obere Ende einer Welle vorzustellen, die senkrecht durch den Körper verläuft und um die sich der Körper während des Schwungs zentrisch dreht. Durch den ruhig gehaltenen Kopf wird sichergestellt, daß alle Energie des Körpers im Treffmoment ihren vollen Nutzen entfaltet.

Beim vollen Schwung etwa mit dem Driver geschieht etwas, das Sie sich anhand der Bildserie in diesem Buch sehr genau einprägen sollten. Kurz vor dem Treffmoment wird durch den Zug der Arme und der rechten Schulter nach unten der Kopf ein wenig nach hinten geneigt. Während des Vorschwungs erlaubt John (vgl. S. 48 f.) sozusagen allen Körperteilen, in der richtigen Reihenfolge nach vorwärts zu arbeiten. Nur der Oberkörper mit dem Kopf geht ein wenig zurück. Dies gewährleistet, daß die Kontrolle über den Körper auch während maximalen Krafteinsatzes erhalten bleibt. *Dynamische Balance* nennt Amerikas berühmtester Golflehrer, Bob Toski, diesen Vorgang. Und der Kopf bleibt so lange »hinten«, bis die rechte Schulter ihn mitnimmt. Dieser betonte Verweileffekt soll sicherstellen, daß der gesamte Oberkörper nicht schon vor dem Treffmoment die Idealposition aufgibt.

Charakteristisch für den Schwung von innen: Der rechte Ellenbogen geht in die Hüfte. Arme und Hände bringen den Schlägerkopf von innen an den Ball.

Wer Probleme hat, von innen an den Ball zu kommen, dem sei ein gerade in München entwickeltes Anti-Slice-Gerät für das tägliche Üben empfohlen. Die leicht schräg stehende rechte Stange verhindert, daß man von außen an den Ball kommt. Hier läßt sich ein gutes Gefühl entwickeln, wie die Beinarbeit den Schwung einleitet und wie die rechte Schulter so lang wie möglich zurückgehalten werden muß.

Der Waggle

Bevor wir nun die Beschreibung eines vollen Golfschwungs abschließen, gehen wir zurück zum Beginn des Schwungs. Immer wieder haben wir gehört, wie wichtig es ist, locker und mit unverspannten Muskeln an den Schlag heranzugehen. Wir wissen aber auch schon, daß man als Spieler in vielen Fällen alles andere als locker ist und somit die Gefahr besteht, den Schlag zu vergeigen. Das probate Mittel gegen Verkrampfung vor Beginn des Rückschwungs ist der sog. *Waggle* (to waggle – wackeln). Man versteht darunter ein mehrmaliges

Der Schwung

Vor- und Zurückwippen des Schlägers aus den Händen und Armen heraus. Die Füße machen dabei nur ausgleichende Bewegungen, die Schultern drehen sich nicht. Das Waggeln ist eine Art Minischwung, der eine Brücke von der etwas festgefügten Ansprechhaltung zur dynamischen Schwungbewegung schlägt. Beobachten Sie gute Spieler daraufhin! Waggeln ist für sie eine Routinebewegung, die vor jedem Schwung praktiziert wird, um, wie gesagt, locker und mit fließenden Bewegungen den Rückschwung zu beginnen. Ein weiterer wichtiger Gesichtspunkt des Waggelns ist, daß der Spieler auf diese Weise noch einige Sekunden Zeit gewinnt, sich einmal mehr den Schlag vorzustellen, sich nochmal mit der Entfernung vertraut zu machen und die gesamte Ansprechhaltung ein letztes Mal zu überprüfen. Kein Schwung also ohne Waggeln.

Was zuerst und wie?

Vor allem wenn Sie sich bisher nur theoretisch mit Golf beschäftigt haben, werden Sie sich fragen, ob es denn für einen letztlich so simpel ausschauenden Golfschwung tatsächlich eines solchen Aufwandes bedarf. Ob es nicht einfach übertrieben ist, daß plötzlich der kleine Finger, die Ellenbogen oder das rechte Knie solche Bedeutung bekommen? Gestatten Sie uns den Vergleich mit einem Auto. Seine vermeintlich wichtigsten Bestandteile sind Motor, Getriebe, Chassis und Räder. Allein auf diese

gestellt aber würde es sich dennoch nicht von der Stelle rühren, weil eine Vielzahl anderer Instrumente ebenfalls ihren Dienst erfüllen müssen. Und wir haben bei der analytischen Betrachtung des Schwungs nichts anderes getan, als das »Auto« in seine Bestandteile zerlegt, um Ihnen die funktionalen Zusammenhänge klarzumachen.

An dieser Stelle möchten wir Sie nachdrücklich darauf hinweisen, daß Sie sich so früh wie möglich zu entscheiden haben, ob Sie sich um einen technisch anspruchsvollen Golfschwung gezielt bemühen wollen – mit all den daraus erwachsenden Schwierigkeiten während des Lernprozesses, andererseits aber auch mit den Vorteilen, die ein guter Schwung zwangsläufig mit sich bringt – oder ob es Ihnen genügt, »hausgemacht« zu schwingen, damit aber in Ihrer Golfkarriere limitiert zu bleiben. Limitiert soll dabei nicht so verstanden werden, daß man ein schlechter Spieler bleibt; vielmehr heißt es, daß man mehr oder weniger von seinem Talent, den Ball zu treffen, leben muß. Und auch das muß klar sein: Erfolgreiches Golf geht in erster Linie über den Kopf. Nur wer sich genau klarmacht, was er gerade übt, wieso er dies tut und wie das Detail in die Gesamtbewegung integriert ist, kann das entwickeln, was man einen »wiederholbaren« Schwung nennt. Sollten Sie es

Bernhard Langer hat sicherlich großen Anteil daran, daß Golf bei uns derart im Kommen ist.

noch nicht wissen: Das Credo aller guten Golfspieler ist die Wiederholbarkeit ihrer Schläge.

Vielleicht sagen Sie jetzt, gut, das akzeptiere ich alles, aber wie soll ich denn unter solchen Voraussetzungen üben, womit soll ich beginnen, wie kann ich zwischen wichtig und weniger wichtig unterscheiden? Jeder, der regelmäßig auf der Übungswiese arbeitet, spürt in sich die Fragen: Müßte ich nicht statt »Schwerpunkt Hände« beispielsweise den Beineinsatz oder die Schulterdrehung oder den Kopf oder nicht besser doch . . .? Fragen über Fragen also, und nicht selten verliert man über das Grübeln, wie man es am besten macht, das große Ziel aus den Augen, methodisch zu üben und alle Fortschritte gezielt auf das bessere Treffen des Balles auszurichten. Wie aber kann man gezielt vorgehen, wenn, wie eben zu hören war, das »Auto« gar nicht richtig fährt, wenn nicht alles stimmt? Wie beim Auto gibt es auch beim Golf tragende Elemente, Basisbewegungen also, deren Berücksichtigung bedeutet, daß ausreichende Voraussetzungen für das Treffen des Balles geschaffen sind. Konzentrieren Sie sich daher stets auf zwei Dinge:

→**Drehen Sie beim Rückschwung Ihre Schultern und beginnen Sie den Vorschwung mit Ihren Hüften bzw. Beinen.**

Nun sollte man meinen, kann es doch nicht so schwierig sein, nur diesen beiden Bewegungen den Vorrang zu geben und damit stabile Eckpfeiler für

den Schwung zu schaffen. Tatsächlich aber ist es für viele Golfer augenscheinlich unmöglich, solches Wissen auch in die Tat umzusetzen. Gehört haben Sie das alle einmal, haben auch eingesehen, daß das wichtig ist, nur eben das Umsetzen ist bisher noch nicht gelungen. Woran liegt es, woran könnte es liegen? Zum guten Teil sicherlich an der Unfähigkeit, körperlich umzusetzen, was einem der Geist diktiert. Man ringt dann verzweifelt um den Schlüssel, oder besser nach einer Initialzündung, von der aus alles von alleine geht.

Bleiben wir bei der Schulterdrehung. Analysieren Sie selbst, wie bei Ihnen die Drehung zustande kommt. Was haben Sie Ihrem Körper befohlen? »Dreh beide Schultern zugleich«, oder »rechte Schulter zurück«, vielleicht auch »linke Schulter vor und unters Kinn«. Drei Möglichkeiten kommen also in Betracht. Es geht aber noch weiter. Beim Rückschwung mit dem Schläger in der Hand können Sie die Schultern dadurch drehen, daß der linke Arm die linke Schulter vorzieht oder der linke Arm die rechte Schulter nach hinten schiebt. Wenn wir vorher davon gesprochen haben, daß die Bewegungen »über den Kopf« gehen, so sollten Sie jetzt herauszufinden suchen, auf welche der genannten Möglichkeiten Ihre Schultern am besten reagieren. Sind Sie – mit dieser Frage werden Sie sich dabei beschäftigen müssen – ein »linker« oder ein »rechter« Mensch? Zeigten die Anweisungen Ihres Pros deshalb keine Wirkung – so gut und

Was zuerst und wie?

richtig sie auch waren –, weil sie nicht in Ihrer persönlichen Körpersprache ankamen? Und ist nicht die Konsequenz hieraus, daß Sie hinfort immer darum bitten sollten, mehrere Möglichkeiten angeboten zu bekommen, wie eine bestimmte Bewegung körperlich umgesetzt werden kann?

Haben Sie herausgefunden, daß »Ihre« Initialzündung für die Schulterdrehung »rechte Schulter zurück« ist, so können Sie davon ausgehen, daß nach regelmäßigem und gezieltem Training die Schulterdrehung schon bald ins Unterbewußtsein aufgenommen ist und Sie die nunmehr freiwerdenden Kräfte einem anderen Problem zuwenden können.

Was den Einsatz der Hüfte beim Vorschwung anlangt, so gibt das Studium der Golfliteratur (vgl. S. 127) ein geradezu beredtes Beispiel für verschiedenartige Initialzündungen!

Für Ben Hogan beispielsweise gibt es nur die Drehung beider Hüften nach links, während andere Autoren davon sprechen, nur die linke Hüfte »aus dem Weg« zu drehen oder mit der rechten herumzukommen. Jack Nicklaus leitet seine Hüftdrehung damit ein, daß er nach Beendigung des Rückschwungs bewußt den linken Absatz zurück auf den Boden bringt, ein andermal sagt er, daß er noch vor Ende des Rückschwungs seinen Knien den Befehl gibt, sich nach vorne in Richtung auf das Ziel zu werfen. Alles das natürlich mit der Absicht, die Hüfte zu drehen. Tom Watson rät Spielern, die mit der Drehung Schwierigkeiten haben, das rechte Knie bewußt

in das linke hineinzudrehen, so daß sich beide Oberschenkel spürbar berühren und die Gesäßmuskeln angespannt sind. Auch der rechte Fuß wird in die Debatte gebracht. »Konzentriere dich auf die Drehung des rechten Fußes und deine Hüfte dreht sich automatisch«, heißt es da in einer Lehranweisung. Bei wem »rechts« nicht geht, kann es mit dem linken Knie versuchen. Das am Ende des Rückschwungs einwärts gebeugte Knie zu Beginn des Vorschwungs einfach strecken und die Hüfte dreht sich in der gewünschten Weise.

Erwähnenswert ist auch die Art und Weise, wie Peter Kostis, ein bekannter amerikanischer Golflehrer, das Problem angeht. Seine Empfehlungen münden darin, die Drehbewegung der Hüften weitgehend zurückzuhalten (bis der Ball getroffen ist) und statt dessen die Hüften bei Beginn des Vorschwungs betont in Richtung auf das Ziel zu werfen. In einer zu frühen Hüftdrehung sieht er die Gefahr, daß Oberkörper und Schultern mitdrehen, was in der Regel dazu führt, daß der Ball nicht von innen, sondern von außen getroffen wird.

Fazit: Viele Wege führen nach Rom. Finden Sie den Ihren.

Eisen und Hölzer

Zu Beginn seiner Karriere besaß der bereits zitierte spanische Wunderspieler Ballesteros einen einzigen Schläger. Es war ein Eisen 3. Einen ganzen Schlägersatz konnte er sich von seinem Caddylohn damals augenscheinlich nicht leisten. Dennoch: Dieser einzige Schläger genügte ihm, es bis zum Handicap 3 zu bringen. Das ist um so bemerkenswerter, als es heute noch eine Reihe von Tour-Professionals gibt, die immer wieder fordern, die derzeit erlaubte Zahl von 14 Schlägern zu erhöhen, um noch besser auf die unterschiedlichen Anforderungen eines Platzes reagieren zu können. Wie die Entwicklung auf diesem Felde ablaufen wird, bleibt

Gegenüberliegende Seite: Severiano Ballesteros beim Spiel aus dem Bunker. Die Spitzenspieler beherrschen mindestens ein Dutzend ausgefeilter Techniken.

Unten: Die unterschiedlichen Schwungbogen bei Einsatz von kurzen Eisen (links) und von langen Eisen und Hölzern (rechts).

abzuwarten. Wir stellen jedenfalls an dieser Stelle fest, daß wir, ausgerüstet mit einem soliden Schwung sowie den zulässigen 14 Schlägern, fast alle Situationen meistern können, mit denen wir während des Spiels konfrontiert werden.

Flacher und steiler Schwungbogen

Eine viel schwieriger zu beantwortende Frage als die nach der möglichen Zahl der Schläger ist, ob man mit einem Eisen anders schwingen soll als mit einem Holzschläger. Die Frage ist deshalb kitzlig, weil die Antwort Ja und Nein lautet. Ja, weil natürlich mit jeder Änderung der Ansprechposition schon aus geometrischer Sicht eine Änderung des Schwungs einhergeht. Nein, weil man mit jedem Eisen – also auch mit dem Sand Wedge – genauso schwingen sollte wie mit einem Driver. Auf die letztgenannte Notwendigkeit weist vor allem Jack Nicklaus hin, während etwa Bob Toski und Severiano Ballesteros zwei völlig verschiedenartige Schwünge geradezu propagieren. Die Frage ist keinesfalls

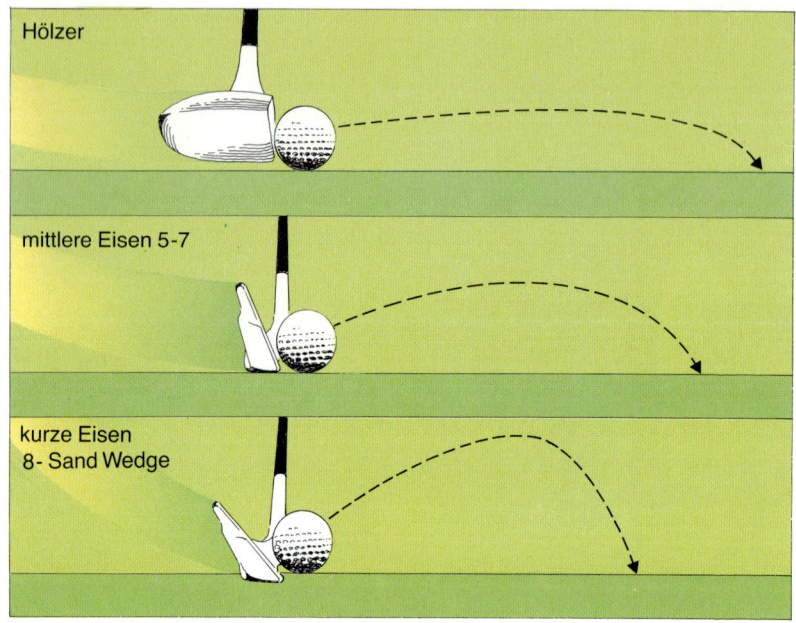

Hölzer

mittlere Eisen 5-7

**kurze Eisen
8- Sand Wedge**

Hier sieht man, auf welcher Schwungbahn man mit den einzelnen Schlägern an den Ball kommt. So jedenfalls sieht der Idealfall aus. Beachten Sie den jeweiligen Bodenkontakt der einzelnen Schläger.

endgültig entschieden, und uns steht es nicht an, Schiedsrichter zu spielen, wobei wir nicht verhehlen wollen, daß wir eher Toskis und Ballesteros' Ansichten zuneigen. Steht man mit einem kurzen Eisen in der Hand vorm Ball, so gibt es eine Reihe von Unterschieden gegenüber etwa einem Holzschläger. Und mit den Unterschieden in der Ansprechposition kommt es quasi automatisch zu Änderungen im Schwung. So jedenfalls läßt sich mit Fug und Recht argumentieren. Bei Schlägen

mit kurzen Eisen steht man näher am Ball, man beugt sich weiter vor, hat eine offene Beinstellung, drückt den Po ein wenig weiter hinaus und hat Arme und Hände näher am Körper. Gerade aus dem Letztgenannten wird deutlich, daß die Schwungebene mit Einsatz kürzerer Eisen immer steiler wird im Vergleich zu den langschaftigen Hölzern.

Die beiden Grafiken auf S. 70 machen den Unterschied deutlich zwischen dem Schwungbogen mit einem Eisen 8 und einem Holzschläger.

Von diesen Schwungbogen ausgehend ergeben sich verschiedene Winkel der Annäherung eines Schlägers an den Ball. Während Holzschläger und auch lange Eisen wie ein landen-

Flacher und steiler Schwungbogen

des Flugzeug über den Boden gehen und das Gras dabei praktisch »bürsten«, treffen die mittleren und vor allem kurzen Eisen sehr viel steiler auf den Ball und lassen das Gras selten unversehrt. Die sogenannten *Divots*, die herausgeschlagenen Rasenstücke, zeugen fast immer vom Einsatz kurzer bis mittlerer Eisen.

Den unterschiedlichen Schwungbogen liegt die Idee zugrunde, daß man mit den Hölzern und langen Eisen grundsätzlich weit schlagen will, das heißt, daß der ganze Schwung nach vorne ausgerichtet ist und der Schläger daher im flachen Winkel über den Ball geführt wird.

Von daher ergibt sich auch die Empfehlung, bei vollen Schwüngen mit Hölzern oder langen Eisen immer die Vorstellung mitzubringen, daß man einen zweiten Ball zusätzlich treffen will, der ca. 30 cm vor dem eigentli-

Um bei einem Schwung mit einem Holz richtig an den Ball zu kommen, ist die Vorstellung hilfreich, daß man zusätzlich einen zweiten Ball treffen will, der sich ca. 30 cm vor dem eigentlichen Ball befindet.

chen Ball postiert ist. Ein langer, horizontaler Feger soll es werden. Je kürzer die Schläger dagegen sind, um so mehr sollten Sie von der Vorstellung abkommen, maximale Weiten zu erzielen, etwa nach der Vorstellung: Bernhard Langer schlägt mit einem Eisen 9 130 m weit, ich schaffe spielend 140 m. In weit höherem Maße ist jetzt Kontrolle gefragt. Unter Kontrolle versteht man beispielsweise, daß der Ball dort, wo er landet, nach kurzem Ausrollen liegen bleibt. Dies läßt sich aber besonders gut nur mit *Backspin* (Rückwärtsdrall) bewerkstelligen. Um Backspin zu erzeugen, muß man mit einem sehr viel steileren Schwung auf den Ball treffen. Trotzdem, und hier nähern wir uns wieder dem Standpunkt von Nicklaus, sollten Sie nicht versuchen, den geschilderten Gesetzmäßigkeiten bewußt Rechnung zu tragen und von vornherein sagen, jetzt muß ich steiler oder flacher schwingen. Man sollte tatsächlich im Kopf haben, immer gleiche Schwünge zu produzieren, ganz gleich, welchen Schläger man gerade in der Hand hält. Die notwendigen Unterschiede ergeben sich dann von selbst.

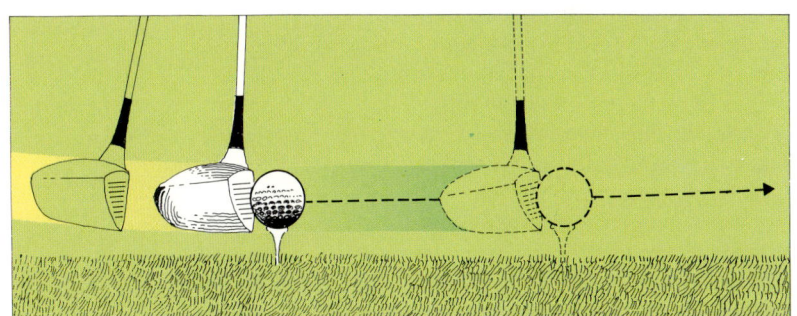

Länge des Rückschwungs

Tiefgreifende Meinungsunterschiede gibt es auch bei der Beantwortung der Frage nach der Länge des Rückschwungs. Jack Nicklaus plädiert eindeutig dafür, daß der Rückschwung sich dem Schläger anpaßt und immer kürzer wird, je kürzer auch der eingesetzte Schläger ist. Für die Praxis bedeutet dies: für einen Wedge nur noch etwas mehr als ein halber Schwung. Greg Norman hält dem entgegen, daß er mit jedem Schläger in der Hand einen vollen Rückschwung macht (abgesehen von Spezialschüssen), weil die Schlägerkopfgeschwindigkeit und damit die Weite oder Höhe des Schlages ohnedies durch die Schaftlänge reguliert würde. Und er fügt hinzu, es sei schon schwer genug, korrekt zu schwingen, da müsse nicht auch noch der Rückschwung in seiner Länge fein abgestimmt sein.

Schlägerwahl

Ein weiteres Problem betrifft die Schlägerwahl. Es ist ein allgemein zu beobachtendes Phänomen, daß meist Schläger gewählt werden, die den Ball zu kurz lassen. Dies gilt vor allem bei Annäherung zum Grün, bei Entfernungen zwischen etwa 80 und 180 m. Das kommt wohl daher, daß wir alle Opfer unserer besten Schläge sind. Hat man einmal unter glücklichen Umständen mit einem Eisen 5 170 m weit geschlagen, meint man, das geht jetzt immer so. Tatsächlich aber kann man

in der Regel nur 150 m schlagen und sollte dies bei der Schlägerwahl berücksichtigen. Wieder ist Jack Nicklaus zu zitieren, der ein ganz einfaches Rezept hat. Versuchen Sie es, es wirkt erstaunlich gut. Wählen Sie immer einen Schläger, der ihren Ball 10 m hinter die Fahne bringt, wenn Sie besonders gut treffen. Gelingt nur ein normaler Schlag, liegen Sie wahrscheinlich auf Fahnenhöhe, treffen Sie – wider Erwarten natürlich – nur schlecht, bleiben Sie immer nur 10 m zu kurz.

Längen

Wenn Sie Ihren Schwung so weit entwickelt haben, daß Sie die Bälle einigermaßen konstant treffen, sollten

Handicap 20:
Greg Norman:

74

Längen

Sie sich in Zusammenarbeit mit Ihrem
Trainer bemühen, Ihre Längen mit den
einzelnen Schlägern festzustellen. Wir
geben hier Empfehlungen für einen
Handicap-20-Spieler und beschränken uns bewußt auf die Minimallän-
gen. Zum Vergleich, was die Welt-
spitzengolfer mit den einzelnen
Schlägern zu leisten imstande sind,
haben wir die Durchschnittswerte von
Greg Norman hinzugefügt.

Längen, die mit den einzelnen Schlägern
erreicht werden.

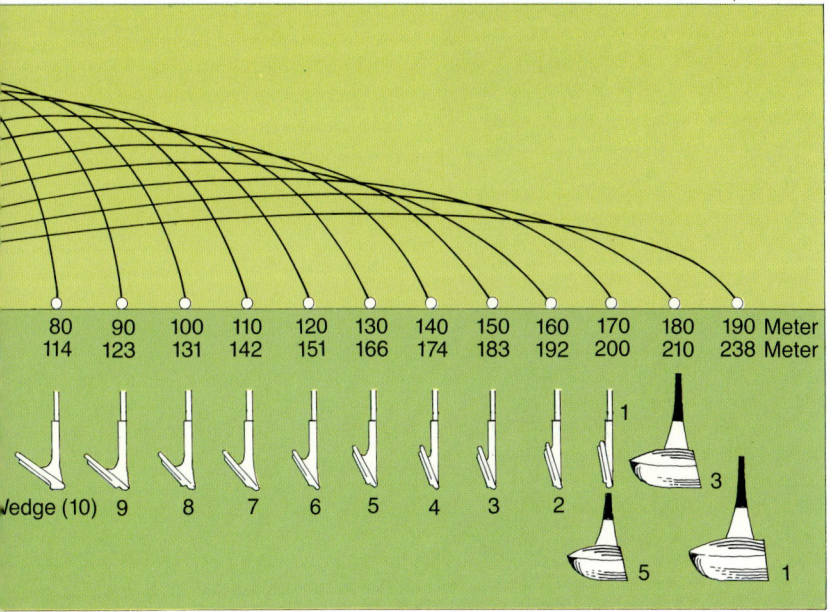

| 80 | 90 | 100 | 110 | 120 | 130 | 140 | 150 | 160 | 170 | 180 | 190 Meter |
| 114 | 123 | 131 | 142 | 151 | 166 | 174 | 183 | 192 | 200 | 210 | 238 Meter |

Wedge (10) 9 8 7 6 5 4 3 2 1 3 5 1

Schlagtechnik

Hohe und flache Schläge

Es gibt keine Golfrunde, bei der Sie sich nicht vor die Notwendigkeit gestellt sehen, ganz bestimmte Schläge produzieren zu müssen. Schläge um Bäume herum oder über sie hinüber erfordern Kenntnisse des Golfschwungs, die über das bisher Gehörte hinausgehen. Wie zum Beispiel spielt man einen extra hohen Ball? Sie sagen jetzt vielleicht, dazu habe ich ja meinen speziellen Schläger in der Tasche. Was aber ist, wenn Sie einen Ball so hoch wie mit einem Eisen 7, gleichzeitig aber so weit wie mit einem Eisen 5 schlagen wollen? Wie also, so die Frage, verleihe ich meinem Eisen 5 zusätzliche Höhe? John demonstriert hier die korrekte Ansprechposition.

Genauere Betrachtung zeigt, daß alle Anstrengungen unternommen werden, mit dem Körper hinter dem Ball zu bleiben. Das beginnt damit, daß der Ball etwa 2 bis 3 Zentimeter aus der normalen Ballposition nach vorn gelegt wird. Die Gewichtsverteilung

Um dem Ball möglichst große Höhe zu geben, bleibt während des Schwungs das Gewicht länger als üblich auf der rechten Körperseite. Hohe Bälle haben immer ein volles Finish zur Voraussetzung.

Von Bernhard Langer sagt man, er sei einer der besten »Sandspieler« der Welt.   ▷

ändert sich mit 40:60 zugunsten der rechten Körperseite. Beides vermittelt das Gefühl, daß man gut hinter dem Ball ist und ihn mit dem Schwung nach oben erwischt. Der Schwung selbst besteht aus vollem Rück- und Vorschwung, wobei die Beine nicht allzusehr in Aktion treten sollten, weil sonst das Gewicht zu schnell nach vorne gebracht wird. Es sollte wirklich ein voller Schwung sein und nicht etwa nur der Versuch, den Ball nach oben zu löffeln. Im Treffmoment sollten Sie das Gefühl haben, daß Ihr Körper deutlich hinten bleibt und die Arme nach oben ausschwingen zu einem betont hohen Finish. Unterstützt wird das Ganze durch ein etwas mehr als gewöhnlich gebeugtes rechtes Knie, das beim Schlag deutlich in Richtung Ball steht. Ein etwas lockerer Griff als sonst üblich unterstützt die Arbeit der Hände, so daß Sie besonders gut unter den Ball kommen.

Bei flachen Schlägen wird der rechte Arm nach dem Treffmoment in fast übertriebener Weise in Richtung Ziel gebracht.

Wollen Sie den Ball betont flach halten, etwa beim Spiel gegen den Wind oder unter Bäumen hindurch, kommt eine ganz anders geartete Schlagtechnik zum Einsatz.

Der Ball wird jetzt zur Körpermitte, bei Bedarf sogar noch weiter zurück in Richtung rechter Fuß gelegt. Das Gewicht liegt jetzt betont (60:40) auf der linken Körperseite. Beide Knie sind leicht in Richtung Ziel verschoben. Die Hände bleiben auf Höhe des linken Oberschenkels. Sie sind damit deutlich vor dem Ball, wodurch der Loft bewußt aus dem Schläger genommen wird. Da jetzt der Ball mehr oder weniger horizontal angegriffen wird, ist es wichtig, den Schläger lang und flach nach hinten zu führen. Ein betont flacher Schwungbogen ist das Ziel (vgl. S. 70).

Ein Schlüssel für flache Schläge ist, daß man im Treffmoment mit dem Körper vor dem Ball ist. Dies bedingt einen lediglich $^3/_4$-Rückschwung. Beim Vorschwung wird hart durch den Ball geschlagen und der Schwung endet in Schulterhöhe. Zu empfehlen ist ein

Flugbahnen

Die wichtigsten Flugbahnen, auf denen sich der Golfball bewegt. Die extrem kurvenden Bälle sind keineswegs eine Seltenheit. Fast alle Anfänger leiden beispielsweise unter einem Slice. Manche Spieler tun dies ein Leben lang.

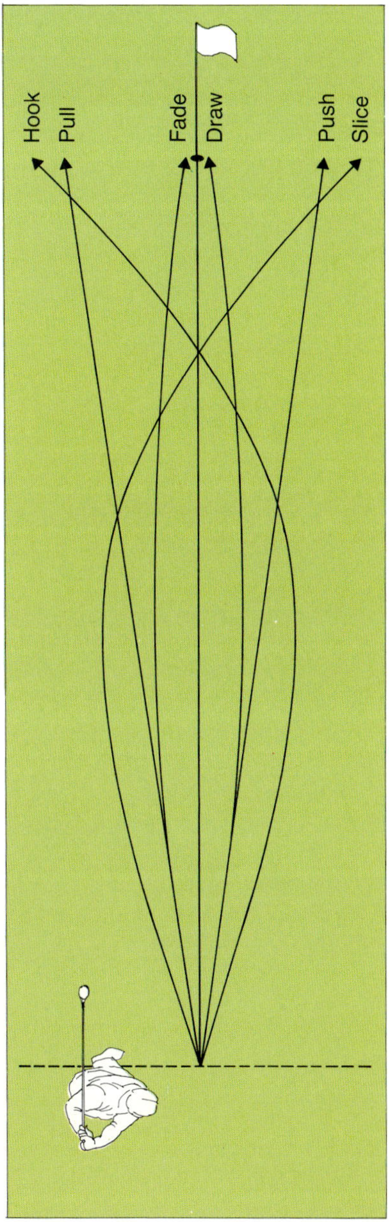

etwas festerer Griff, um unerwünschte Handaktionen auszuschalten. Was die Beinarbeit anlangt, so kann man folgendes tun, um den Ball flach zu halten: Achten Sie auf ein gestrecktes, festes linkes Knie. Harte Schläge bei betont flachem Schwungbogen bedürfen eines Körperwiderstandes, um sie korrekt ausführen zu können. Das linke Knie sollte daher niemals »einbrechen« oder zu sehr aus dem Weg gedreht werden. Spielen Sie gegen eine feste linke Seite!

Flugbahnen allgemein

Bevor wir uns Schlägen zuwenden, bei denen die Bälle ganz beabsichtigt in Kurven auf ihr Ziel zufliegen, müssen wir uns mit möglichen Flugbahnen und ihren Ursachen ein wenig näher befassen. Die Grafik zeigt die Flug-

Hook Pull   Fade Draw   Push Slice

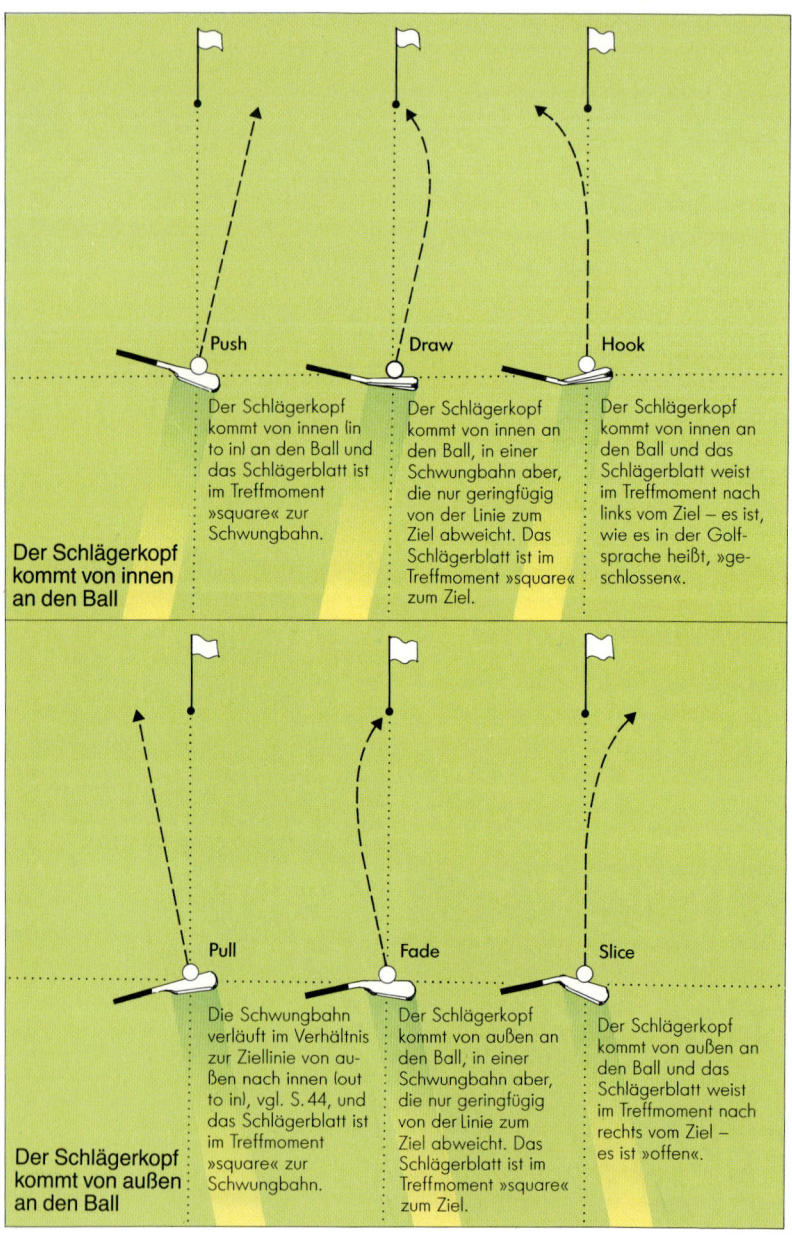

Push

Der Schlägerkopf kommt von innen (in to in) an den Ball und das Schlägerblatt ist im Treffmoment »square« zur Schwungbahn.

Draw

Der Schlägerkopf kommt von innen an den Ball, in einer Schwungbahn aber, die nur geringfügig von der Linie zum Ziel abweicht. Das Schlägerblatt ist im Treffmoment »square« zum Ziel.

Hook

Der Schlägerkopf kommt von innen an den Ball und das Schlägerblatt weist im Treffmoment nach links vom Ziel – es ist, wie es in der Golfsprache heißt, »geschlossen«.

Der Schlägerkopf kommt von innen an den Ball

Pull

Die Schwungbahn verläuft im Verhältnis zur Ziellinie von außen nach innen (out to in), vgl. S. 44, und das Schlägerblatt ist im Treffmoment »square« zur Schwungbahn.

Fade

Der Schlägerkopf kommt von außen an den Ball, in einer Schwungbahn aber, die nur geringfügig von der Linie zum Ziel abweicht. Das Schlägerblatt ist im Treffmoment »square« zum Ziel.

Slice

Der Schlägerkopf kommt von außen an den Ball und das Schlägerblatt weist im Treffmoment nach rechts vom Ziel – es ist »offen«.

Der Schlägerkopf kommt von außen an den Ball

Flugbahnen · Hook und Slice

◁ Die die Flugbahn bestimmenden Faktoren sind die Richtung, aus der der Schlägerkopf auf den Ball trifft, und die Stellung des Schlägerblattes im Treffmoment.

bahnen, die ein normal getroffener Ball nehmen kann. Die englischen Bezeichnungen von Hook bis Slice haben sich auch in der deutschen Golfsprache eingebürgert. Der Ball fliegt gerade aufs Ziel, wenn die Schwungbahn des Schlägerkopfes im Treffmoment exakt auf der Linie zum Ziel verläuft und er dabei square zum Ziel ausgerichtet ist. Die die Flugbahn bestimmenden Faktoren sind also:

a) die Richtung, aus der der Schlägerkopf auf den Ball trifft (Schwungbahn),

b) die Stellung des Schlägerblattes im Treffmoment.

Wie die Grafik zeigt, gibt es auch Schläge, bei denen der Ball gerade fliegt, die aber nach links oder rechts vom Ziel abweichen. Im folgenden wird erklärt wie es zu den einzelnen Flugbahnen des Balls kommt.

Hook und Slice

In der Golfwirklichkeit wird dieses Wissen um Ursachen und Wirkung meist dazu verwendet, einen Golfschlag und die Flugbahn des Balles nachträglich zu analysieren. Während Ihrer Übungsstunde vor allem als Golfneuling hören Sie immer wieder, das war ein Slice, weil Sie viel zu sehr von außen auf den Ball geschlagen haben, oder das mußte ja ein Hook werden, weil Sie sich schon ganz

falsch ausgerichtet hatten. Die Golfwirklichkeit zeigt aber auch, daß es immer wieder Situationen gibt, die einen Slice oder Draw geradezu erfordern, weil zum Beispiel irgendwelche Hindernisse umspielt werden müssen. Wir können sogar noch weiter gehen und sagen, daß es eine Reihe von Spitzenspielern gibt, die grundsätzlich jeden Ball als Draw oder Fade spielen, weil sie sich davon mehr Effizienz, sprich größere Zielgenauigkeit versprechen. Hierbei kommt es naturgemäß darauf an, einen solch »kurvenden« Ball vorher schon planen zu können und ihn nicht nur als Ergebnis eines Irgendwie-Schlages hinnehmen zu müssen. So unglaubhaft es auch klingen mag, Kurven zu spielen ist relativ einfach. Machen Sie es so, wie es alle guten Spieler machen: Zielen Sie mit Ihrem Schlägerblatt genau dahin, wo der Ball landen soll. Als nächstes richten Sie Ihren Körper aus und schwingen entsprechend dieser Ausrichtung auf der Linie, auf der der Ball starten soll. Wenn es ein Fade oder Slice werden soll (vgl. Abb. S. 82 links), zeigt das Schlägerblatt square zum Ziel, der Körper aber ist nach links ausgerichtet. Beim beabsichtigten Hook (Abb. rechts) ist das Schlägerblatt wiederum square, die Ansprechhaltung aber weist deutlich nach rechts vom Ziel.

Die Kurve in der Flugbahn des Balls kommt zustande, weil der Ball im Treffmoment Sidespin bekommt. Und der Sidespin ist um so größer, je offener das Schlägerblatt beim Slice und je geschlossener es beim Hook ist.

Für einen Slice wollen wir den gesamten Ablauf einmal näher betrachten. Das deutlich nach links Ausgerichtetsein führt dazu, daß der Schläger

Entscheidend für das Gelingen von gewollten Kurven, sprich gezieltem Slice oder Hook, ist die besondere Ausrichtung des Körpers sowie des Schlägerblattes.

beim Rückschwung nicht gerade zurückgeführt wird, sondern in einer Linie, die außerhalb der Ziellinie verläuft. Beim korrekt ausgeführten Vorschwung kommt der Schläger exakt auf dieser Linie zurück zum Ball und trifft ihn daher auf der Linie out to in. Im Treffmoment ist das Schlägerblatt square zur Ziellinie ausgerichtet,

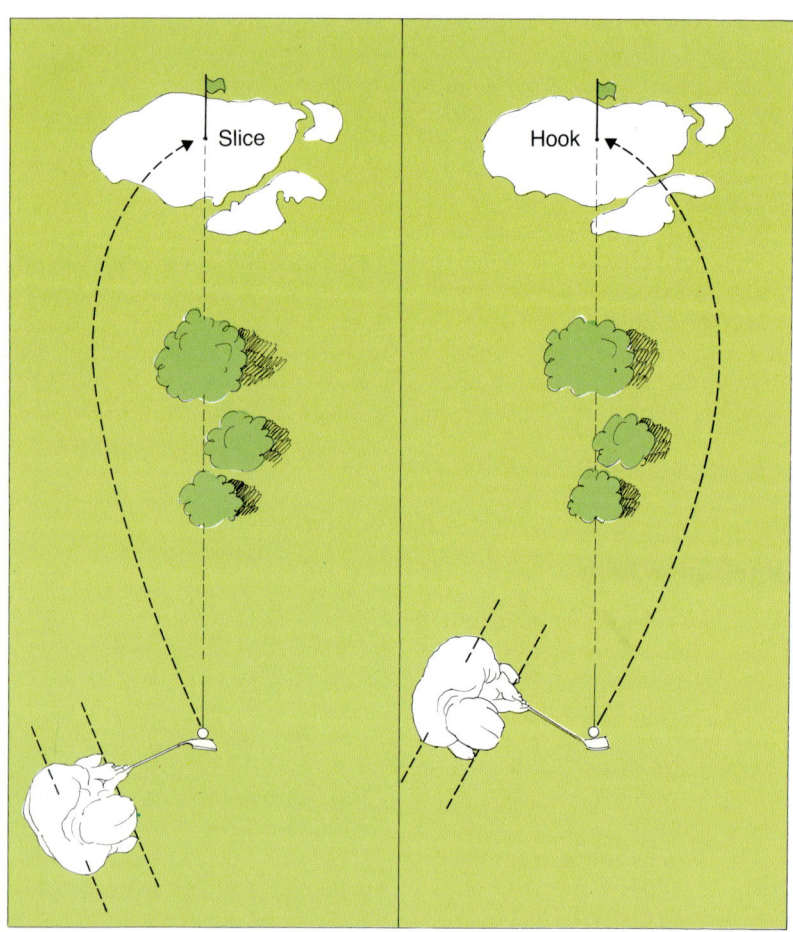

Hook und Slice

Als eine der schönsten Spielbahnen der Welt gilt das 7. Loch in Pebble Beach/Kalifornien.

schwingt über die Ziellinie nach innen, so daß der Ball Sidespin im Uhrzeigersinn erhält. Der Ball startet anfänglich nach links vom Ziel (gemäß der Schwungbahn), kurvt aber zum Ziel zurück, wenn der Sidespin im Verlauf des Fluges voll zur Wirkung kommt. Das klingt alles relativ einfach und ist es auch vom Prinzip her. Dennoch muß auch ein begabter Spieler Tausende von Bällen schlagen, ehe er das feine Gefühl dafür entwickelt, wie weit man sich mit dem Körper seitlich ausrichten muß, damit der Ball wunschgemäß im Ziel landet.

Besondere Aufmerksamkeit beim Ausrichten muß der Linie der Schultern gelten. Ganz instinktiv nämlich dreht man die Schultern zurück in Richtung aufs Ziel. Damit aber kann die Schwungbahn nicht mehr in der korrekten Weise eingehalten werden, wodurch der Sidespin-Effekt verpufft. Also beim Hook und Slice stets volle Konzentration vor allem auf die Schultern.

Schieflagen

Schieflagen

Der schönste und technisch schon recht ausgefeilte Schwung steht jedesmal vor seiner Nagelprobe, wenn der Ball aus schiefer Lage weiterzubefördern ist, daß er entweder von ansteigendem oder abfallendem Gelände aus geschlagen werden muß, oder aus seitlichen Hanglagen, bei denen der Ball einmal höher oder aber niedriger als unsere Füße liegt. Bevor wir beschreiben, was in der jeweiligen Situation zu tun ist, ein genereller Ratschlag: Überall dort, wo mit der vertrackten Lage des Balles Schwierigkeiten mit Stand und Ansprechposition einhergehen, sollten Sie grundsätzlich den Versuch unternehmen, so natürlich und locker vor dem Ball zu stehen, als hätten Sie gar nicht vor, in Kürze den Ball zu spielen. Dadurch reagiert der Körper instinktiv auf Unebenheiten im Gelände und richtet sich entsprechend ein. Bewußt sollten Sie beim **Hangaufwärts-Spielen** nur versuchen, Ihre Schultern parallel zur Hangneigung auszurichten, was ganz automatisch dazu führt, daß der ganze Körper nachzieht. Das rechte Knie ist zur besseren Stütze leicht einwärts gebeugt, der Ball ist in der normalen Ansprechposition. Zielen Sie stets ein wenig nach rechts, denn die Bälle haben meist Hook-Tendenz.

Der Schwung hangaufwärts. Hier ist mehr Beinarbeit erforderlich, um gegen den Hang anzugehen.

Ansprechposition für Schläge hangaufwärts.

Bei der Schlägerwahl muß berücksichtigt werden, daß die Aufwärtslage in Verbindung mit dem Loft des Schlägers in der Regel die Bälle überdurchschnittlich hoch steigen läßt, meistens à conto Längenverlust. Je nach Steilheit des Geländes sollten Sie ein bis drei Schläger »mehr« nehmen, um Ihr Ziel zu erreichen. Würde unter ebenen Bedingungen ein Eisen 7 der richtige Schläger sein, so ist, wenn Sie hangaufwärts spielen müssen, ein Eisen 6 oder 5, manchmal sogar ein Eisen 4 die richtige Waffe.

Der Schwung hangabwärts: Weniger Beinarbeit, um nicht nach vorn zu fallen. Das Gewicht wird bis zum Treffmoment betont auf der linken Körperseite gehalten. Stellen Sie sich vor, Ihren Schlägerkopf parallel zur Linie des Hügels zu schwingen.

Ansprechposition für Schläge hangabwärts.

Bei **Hangabwärts-Lagen** richten Sie Ihre Schultern nicht parallel zur Hangneigung aus, sie bleiben waagrecht! Der Ball ist deutlich nach hinten versetzt. Das linke Knie ist leicht nach innen gebeugt. Gezielt wird nach links, weil die Bälle Tendenz zum Slice haben. Hangabwärts-Lagen führen meist dazu, daß man die Bälle so trifft, daß sie flacher fliegen als normal. Sie rollen daher auch weiter als gewöhnlich, besonders dann, wenn auch das Zielgebiet hängt. Mindestens ein Schläger »weniger«, wenn nicht gar zwei oder drei, das ist hier das Mittel zum Ausgleich. Statt eines Eisen 5 also ein 6er Eisen, manchmal, wenn es besonders steil ist, sogar nur ein Eisen 8.

Was ist zu tun, wenn Sie mit **seitlichen Hanglagen** fertig werden müssen? Der Hang etwa neigt sich Ihnen entgegen und Sie stehen unter dem Ball, d.h. der Ball liegt höher als Ihre Füße. Zuerst greifen Sie Ihren Schläger kürzer, um den geringeren Abstand zum Ball auszugleichen. Dann zielen Sie stets nach rechts vom Ziel, weil der Ball eine ausgesprochene Neigung zum Hook hat. Der Ball befindet sich bei korrektem Ansprechen in Körpermitte, und was ganz wichtig ist, das

Körpergewicht verlagert sich deutlich auf den vorderen Teil der Füße (zum Hang hin), um der Gefahr entgegenzusteuern, beim Schwung nach hinten umzufallen.

Liegt der Ball unter Ihren Füßen, so gehen Sie mehr in die Knie, um den größeren Abstand zum Ball wettzumachen.

Der Ball soll so angesprochen werden, daß er sich in Normallage vor der linken Hacke befindet. Zielen Sie nach links, der Ball hat Slice-Tendenz. Stehen Sie grundsätzlich bei den seitlichen Hangabwärts-Lagen näher am Ball und verlagern Sie Ihr Gewicht deutlich auf die Hacken, damit Sie beim Schwung nicht nach vorne fallen.

Die Ansprechposition, wenn sich Ihnen der Hang entgegenneigt.

Der Hang neigt sich von Ihnen weg.

Das kurze Spiel

Auch unter der Voraussetzung, daß Sie inzwischen schon einen wundervollen und auch effektiven vollen Golfschwung entwickelt haben, einen herrlichen Drive spielen und auch die Eisen sehr wirkungsvoll in Richtung Grün einsetzen können, müssen Sie dennoch bekennen, daß Sie mit den langen Schlägen immer wieder einmal die Grüns verfehlt haben. Den erwünschten guten *Score* (Ergebnis, Punktstand) können Sie jetzt nur durch hervorragende »Arbeit ums Grün herum« retten. Das kurze Spiel also ist jetzt angesagt und überflüssig zu erwähnen, daß gutes *Pitchen, Chippen* und *Putten* für den Score absolut entscheidend sind. Gutes kurzes Spiel in Verbindung mit soliden langen Schlägen ist der Schlüssel für die feine Gesellschaft unter den Golfern, für das einstellige Handicap nämlich, und gutes kurzes Spiel läßt so manchen mißglückten langen Schlag durchaus vergessen machen.

Eine andere Wahrheit ist, daß schlechtes kurzes Spiel ein gutes Ergebnis auf der Runde nicht zuläßt. Einer amerikanischen Statistik über Amateurgolfer zufolge bestehen 68% der Schläge auf einer Runde nicht aus vollen (langen) Schlägen. 43% sind Putts, 25% Pitches, Chips und Bunkerschläge. Widmen Sie sich also Ihrem Score zuliebe beim Training vornehmlich dem kurzen Spiel. Bernhard Langer empfiehlt ein Verhältnis von 3:1. Nach diesem Muster trainiert er auch.

Hier ist bei Bernhard Langer der Griff konventionell. Normalerweise liegt bei ihm die linke Hand unter der rechten (cross-handed).

Linker Arm und linke Hand

Bevor wir nun auf die Technik der einzelnen Schläge näher eingehen, eine Generalregel gleich zu Beginn: **Es geht um ein ausgeprägtes Gefühl für den linken Arm und die linke Hand (beim Rechtshänder). Sie übernehmen ganz vorrangig die Kontrolle über den Schlag.** Besonders gilt dies für die Schläge mit dem Pitching- und dem Sand Wedge, in etwas abgeschwächter Weise aber auch für das Putten. Im Treffmoment — so läßt sich der Vorgang gut beschreiben — haben linker Arm und linke Hand den rechten Arm zum Ball gezogen, so daß die rechte Hand wie von alleine gut hinter und unter den Ball kommt. Die rechte Seite also, das folgt daraus, bleibt weitgehend passiv. Und noch ein Zweites ist wichtig: Während bei allen langen Schlägen die Hände gezielt als dritte Hebel eingesetzt werden, spielen diese bei kurzem Spiel eine nur untergeordnete Rolle. Um es andersherum zu sagen: Ein betonter Handeinsatz macht präzise Schläge, auf die es ja um das Grün herum ankommt, erfahrungsgemäß sehr schwierig. Vergessen Sie also, Ihre Hände bewußt einzusetzen, sondern lassen Sie geschehen, was eine natürliche Bewegung mit dem Schläger erfordert. Dabei kommt es naturgemäß bei Pitch-Schlägen über größere Distanzen zu mehr Handeinsatz als beim Chip über nur 5 Meter.

Der Pitch

Ein Pitch wird gespielt aus etwa 40 m um das Grün herum – bei Spitzenspielern können es auch schon mal 100 m sein. Als Schläger verwendet man den Pitching Wedge oder in bestimmten Fällen auch den Sand Wedge. Nur diese beiden Schläger bieten durch ihren großen Loft die Gewähr, den Ball hoch in die Luft zu bringen, so daß er in steilem Winkel auf dem Grün landet (ganz nahe der Fahne natürlich) und kaum mehr ausrollt. Es handelt sich um einen Schlag, der so präzise wie möglich sein muß und daher gilt es, für die Technik bestimmte Dinge genau zu beachten. Der Pitch ist kein voller Schlag. Wir können uns demzufolge besinnen auf das, was wir vom Üben der halben Schläge wissen (vgl. S. 44 ff.). Denken Sie vor allem wieder an das Körperdreieck! Für alle genauen Schläge gilt

allgemein, daß sie mit möglichst wenig Bewegung des Körpers ausgeführt werden müssen, weil jedes Schwanken oder hastige Agieren des Körpers unvermeidbar zu Streuungen führt. Um aber den Körper beim Schlag in der richtigen Position zu haben, muß man diese vorher einnehmen. Dieses sogenannte *Pre-Set* schaut für den Pitch wie folgt aus:
Die Beine sind etwa 40 cm auseinander. Der Stand ist offen, um einen guten Blick für das Ziel zu haben. Die Schultern dagegen zeigen in Richtung auf das Ziel. Der Ball wird etwa auf Körpermitte angesprochen und das Gewicht liegt im Verhältnis 60:40 auf dem linken Bein. Dadurch kommt man beim Schlag von oben, also steil an den Ball, was mit die beste Voraussetzung ist, Backspin zu erzeugen. Der Kopf ist deutlich hinter dem Ball. Beim Schlag selbst gibt es keinen ausgeprägten Belastungswechsel von

Der Pitch

Beim Pitchen werden weniger die Beine als vielmehr die Knie (in Richtung Ziel) bewegt. Der Schlägerkopf bleibt bis zum Treffmoment deutlich hinter den Händen zurück.

links nach rechts. Vielmehr ist volle Konzentration darauf zu verwenden, daß der Körper ruhig gehalten wird und weitgehend nur die Arme mit Betonung auf dem linken Arm den Schwung ausführen. Sicherlich kommen bei längeren Pitches auch die Beine ganz ungewollt ins Spiel. Das läßt sich nicht vermeiden und ist auch richtig so. Allerdings sollen Sie, um es zu wiederholen, nicht betont den Unterkörper einsetzen. Die richtige Länge läßt sich im kurzen Spiel nicht so einfach ermitteln wie etwa bei Einsatz eines mittleren Eisens, von dem man weiß, daß bei vollem Schwung die Reise etwa 140 m weit geht. Bei Einsatz von Pitching- und Sand Wedge kommt vor allem die Abschätzung der richtigen Länge durch Auge und Gefühl zum Tragen. Schauen Sie sich gute Spieler an, wie lange sie vor einem nur 30-m-Schlag hinter dem Ball stehen und versuchen, sich eine Vorstel-

lung vom Schlag zu machen; auch wie viele Probeschwünge anschließend ausgeführt werden, um zum Gefühl für die richtige Länge zu kommen. Über das Auge wird eine Art innerer Computer in Gang gesetzt, der dann die Befehle für richtiges Reagieren des Körpers gibt. Schon nur aus dem zuletzt Gesagten wird deutlich, wieviel Übung auf das Pitchen zu verwenden ist, um die gewünschte Genauigkeit zu erzielen.

Ganz wesentlich und von guten Spielern immer wieder betont, ist, daß auch so relativ kurze Entfernungen durch hartes, ja aggressives Treffen des Balles gemeistert werden. Holen Sie dazu nur so kurz aus, wie es die Distanz erfordert. Nicht empfehlens-

Ansprechhaltung für einen Pitch.

Der Pitch ohne Backspin. Die Hände haben überrollt.

wert ist ein weiter Schwungradius, um dann den Ball weich (angeblich mit Gefühl) zu treffen und ihn mehr oder weniger aufs Grün zu löffeln. Wiederholbare Präzision kann mit solch einer Technik nicht einhergehen. Möglichst wenig Körperbewegung, haben wir eingangs gehört! Dem harten Treffen wird entschieden Vorschub geleistet

Der Pitch mit am Ende offenem Schlägerblatt. Der Sand im Glas dient als Ersatz für das Wasser (vgl. Text); man sieht ihn besser.

durch die Betonung des linken Armes und der linken Hand bis zum Treffmoment. Zu unterscheiden schließlich haben wir noch zwei verschiedenartige Techniken im Hinblick auf das Verhalten des Balles auf dem Grün:

1. Zeigt der Schlägerkopf beim Vorschwung nach oben, wie wir das als Folge eines squaren Griffs bereits vom halben Schwung her kennen (vgl. S. 47), so rollt der Ball auf dem Grün noch relativ weit aus, weil ihm nur wenig Backspin mitgegeben wurde.

2. Backspin und damit nur kurzes Ausrollen bekommt der Ball dann in besonderem Maße, wenn so durch den Ball geschlagen wird, daß das Schlägerblatt, wie hier zu sehen, offen bleibt. Die Endstellung sollte so sein, daß auf dem Schlägerblatt ein Glas Wasser Platz finden kann und der Wasserspiegel im Glas waagerecht steht.

Der Chip

Der Chip

Noch näher am Grün als beim Pitchen kommt der Chip zur Anwendung. Für jemanden, der es sich in Metern vorstellen möchte: Je nach Ausgangslage sind Chips im Bereich ab 20 Metern vor dem Grün möglich. Meistens aber spielt sich das Ganze so um die 10 m und näher vom Grünrand entfernt ab. Schon jetzt sollten Sie an den Schlag mit der Vorstellung herangehen, den Ball tatsächlich einzulochen und nicht nur nahe genug an die Fahne zu bringen. Also mehr noch als beim Pitch ist Präzision gefordert und wir haben uns mit unserem Pre-Set (vgl. S. 95) entsprechend darauf einzustellen. Für den Erfolg solcher Minischläge muß in erster Linie die Hand-Augen-Koordination stimmen. Diese läßt sich am besten üben, indem Sie einen Golfball in Ihre rechte Hand einklemmen und auf das Ziel werfen. Greg Norman beispielsweise empfiehlt dieses Bällewerfen als tägliches Brot beim Chip-Training und sieht den Vorteil vor allem darin, daß man fürs erste einmal sehr gut feststellen kann, wie der Ball fliegt, wie er reagiert, wenn er auf dem Grün landet, und wie er rollt. Hohe Bälle kommen auf und bleiben schnell liegen, flache rollen lange aus. Und schon hierbei setzt sich die sichere Erkenntnis durch, daß der flache

Der Ball wird in der Handfläche eingeklemmt. Die Bälle werden auf verschiedenen Flugbahnen zur Fahne aufs Grün geworfen. Studieren Sie das Verhalten des Balles nach der Landung.

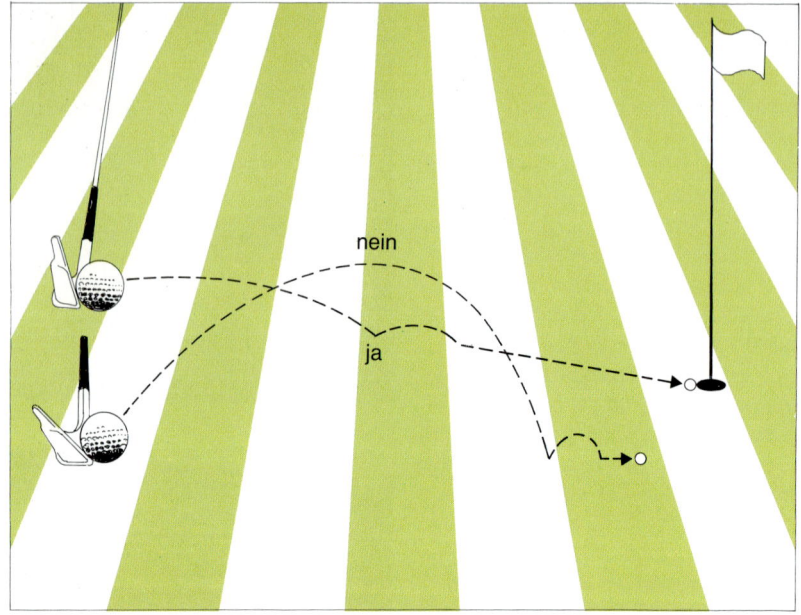

und rollende Ball der wesentlich effizientere ist, weil er besser zu kontrollieren – auf dem Gras bleibt er auf der Linie zum Ziel – und weil der flache Chip technisch einfacher zu schlagen ist. Daraus hat sich die Grundregel ergeben: **Minimum in der Luft, Maximum am Boden.**
Je höher Sie Ihren Chip ansetzen, um so mehr besteht Gefahr, den Ball zu kurz oder zu lang zu lassen. Das ist Golfpraxis. Daher sollten Sie stets darum bemüht sein, den Ball so frühzeitig wie möglich, also am Grünrand schon, aufzusetzen und ihn dann zum Loch rollen zu lassen.

Was lernen wir noch aus dem Werfen zum Ziel? Wenn Sie genau zielen, ist die rechte Hand square zum Ziel ausgerichtet. Der Arm geht gerade zu-

Flachgehaltene Chips führen gegenüber hochgeschlagenen meist zu besseren Ergebnissen. Der flache Chip ist technisch einfacher zu schlagen.

rück und gerade vor. Die Handgelenke reagieren natürlich auf das Ausholen zum Wurf. Etwas mehr Handgelenkaktion stellt sich bei weiterem Ausholen ganz von selbst ein. Die Ecksteine des kurzen Spiels haben wir damit exakt vor Augen: Die square ausgerichtete rechte Hand, beziehungsweise das Schlägerblatt und ein gerader glatter Armdurchschwung. Und so schaut der Chip aus (vgl. gegenüberliegende Seite).
Was das Pre-Set anlangt, so rücken die Beine noch enger zusammen. Die Fersen sind nur noch 10–15 cm aus-

Der Chip

einander. Der Stand ist offen, die Schultern aber zielen zum Ziel. Das Gewicht ist mit 60:40 zugunsten des linken Beins verteilt und die Hände sind beim Ansprechen deutlich vor dem Ball. Der Schwung erfolgt aus den Armen heraus, der übrige Körper bleibt fast regungslos (nicht steif). Während des gesamten Schwungs bleiben die Hände und Arme deutlich vor dem Schlägerkopf, so daß im Treffmoment wieder die exakte Ansprechposition hergestellt ist. Richtig an den Ball kommen Sie, wenn Sie beim Treffen das Gras »bürsten«; bei den Probeschwüngen sollten Sie dieses Bürsten mehrere Male ausprobieren. Je weiter der Chip sein soll, desto weiter schwingen die Arme zurück. Es muß allerdings die Ausnahme bleiben, daß die Arme über Schulterhöhe hinausgehen. Nun gibt es Lehrmeinungen, wonach beim Chippen die Handgelenke entweder verstärkt oder andererseits überhaupt nicht aktiviert werden sollen. Beides erscheint uns unnatürlich und damit nicht empfehlenswert. Halten Sie es am besten so:

Winkeln sich die Handgelenke beim Rückschwung natürlich ab, so lassen Sie es geschehen; bleiben sie eher passiv, so ist auch dieses gut. Jeder muß für sich selbst entscheiden, womit er den Ball am besten dahin bringt, wohin er soll. Und feststellen kann das jeder nur, wenn er ausreichend übt und dabei die vielfältigen Möglichkeiten kennenlernt.

Vielleicht ist Ihnen noch nicht klargeworden, weshalb schon in der Ansprechposition (Pre-Set) die Hände so weit vor dem Ball sind. Damit erreichen wir, daß das Schlägerblatt gerade steht und der Loft aus dem Schläger genommen wird, denn oberstes Ziel des Chippens ist ja, den Ball flach zu halten.

Bei den ganz **flach gehaltenen Chips** sollten Sie sich nicht zum Sklaven nur eines einzigen Schlägers machen. Schläge mit dem Pitching Wedge bleiben, wenn sie nicht ganz genau getroffen sind, meist zu kurz. Mit

Chippen – die Kunst der kurzen Schläge.

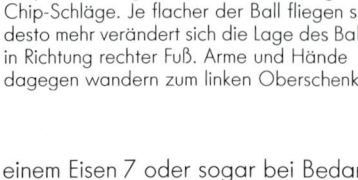

Ansprechhaltungen für verschiedenartige Chip-Schläge. Je flacher der Ball fliegen soll, desto mehr verändert sich die Lage des Balles in Richtung rechter Fuß. Arme und Hände dagegen wandern zum linken Oberschenkel.

einem Eisen 7 oder sogar bei Bedarf Eisen 5 (wenn der Ball sehr weit rollen muß) hat der Ball meist genügend Druck, bis zum Loch zu rollen.

Wie die Fotos zeigen, kann durch Veränderung der Ballposition auch ein **hoher Chip** geschlagen werden. Dies ist immer dann vonnöten, wenn der Weg zum Loch mit Hindernissen wie Wasser oder Bunker verstellt ist. Die Ansprechposition bleibt die gleiche wie beim flachen Chip, nur der Ball wird je nach Bedarf weiter nach vorne gelegt. Wenn der Ball besonders hoch gespielt werden muß, empfiehlt sich der Sand Wedge, der durch seine Bauweise am besten unter den Ball kommt. Allerdings ist hierzu eine gute Lage des Balles Voraussetzung.

Für fast alle Schläge in unmittelbarer Grünnähe sollten Sie den Schläger kürzer fassen. Das kann hinunterreichen bis zum Beginn des Metalls. Die Verkürzung der Entfernung Ihrer Hände zum Ball verbessert ohne Frage Ihr Gefühl für den Schlag. Denken Sie beim Chip an ein Uhrpendel – ähnlich wie wir dies für das Putten beschreiben. Die Arme gehen mit dem Schläger langsam zurück, am Ende des Rückschwungs kommt das Pendel scheinbar zur Ruhe, um sich dann in fließender Bewegung nach vorne zu bewegen. Alle Präzision ist dahin,

Der Chip · Im Bunker

wenn Sie ruckartig auf den Ball schlagen, der Schläger wird aus der Bahn gerissen, der Ball schlecht getroffen mit dem entsprechenden Ergebnis. Langsame rhythmische Arbeit mit dem Schläger ist auch hier das Gebot der Stunde.

Beim Chippen haben Sie neben der reinen Schlagtechnik auch noch folgendes zu bedenken: Sie müssen sich einen Landebereich suchen, den Sie ganz gezielt anspielen und von dem aus der Ball dann in Richtung Loch rollt. Nun ist fast kein Grün topfeben, so daß der Ball vielfach zum Ziel kurven muß. Bereits vor Ihrem Schlag also haben Sie eine klare Vorstellung zu entwickeln, wie der Ball nach der Landung rollen wird. Der Chip zählt schon von daher nicht zu den einfachen Golfschlägen, weil es sozusagen zwei Zielvorstellungen erfolgreich zu realisieren gilt.

Ums Grün herum und auch im Bunker fassen Sie den Schläger kürzer.

Im Bunker

Wer ein gutes Spiel aus dem Sandbunker heraus entwickelt hat, macht sich gleich mehrere Vorteile zu eigen. Erstens wird er sicherlich sein Handicap um 1 bis 2 Schläge verbessern. Zweitens, und dies ist vor allem wichtig, hat es positive Auswirkungen auf das lange Spiel. Wer den Bunker nicht fürchtet, hat keine Angst bei langen Schlägen. Auch eine psychologische Variante ist von Bedeutung: Wenn man nämlich in sich die Gewißheit hat, immer aus dem Bunker herauszukommen, so hat das großen positiven Einfluß auf das Selbstvertrauen. Präzise aus dem Bunker herauszuspielen ist nicht einfach, dennoch erlernbar. Der Sand Wedge hilft dabei. Wie speziell der Schläger im Hinblick auf seine Aufgabe gebaut ist, haben wir bereits im Kapitel »Ausrüstung« besprochen. Die Bildfolge zeigt nun, wie er arbeitet. Am besten schneidet er den Ball bei offenem und aufgedrehtem Schlägerblatt aus dem Sand heraus. Aufgedreht heißt, daß das Blatt uns mehr oder weniger ins Gesicht schaut. Der Schlägerkopf trifft in relativ flachem Winkel auf den Sand auf, wobei die breite Sohle verhindert, daß er zu tief in den Sand eindringt und den Schlag abrupt beendet. Vielmehr übernimmt die Sohle eine Art Steuerfunktion, die den Schläger in flachem Boden durch den Sand und unter den Ball dirigiert. Damit wird der Ball nicht durch direkten Schlägerkontakt, sondern auf einem Sandpolster herausgeschlagen.

Die spezielle Bauweise eines Sand Wedges erlaubt, daß der Ball aus dem Sand förmlich herausgeschnitten wird.

Hilfreich im Hinblick darauf, ob ein Ball aus dem Sand entweder hoch oder flach herausgespielt werden soll, ist die Erinnerung an die Wasserspiele im Kindesalter.

Nach dem Treffen des Balles geht der Schläger weiter durch den Sand, dann heraus zu einem betonten Schwungende. Rein→durch→raus, diese drei Stufen markieren einen guten Sandschlag.

Egal ob im Wasser oder im Sand, steil nach oben können Sie spritzen, wenn Sie steil von oben nach unten hinein-

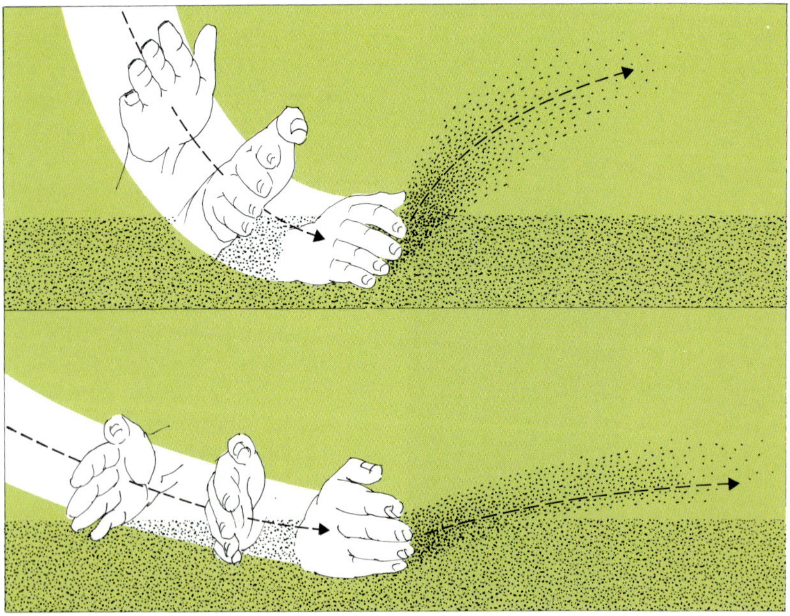

Im Bunker

schlagen. Flacher und weiter geht es, wenn Sie mit einer eher horizontal darüberstreichenden Bewegung arbeiten. Probieren Sie es einmal, wie in der Grafik gezeigt, mit der Hand im Wasser aus. Für die Golfpraxis bedeutet dies: Für Bälle, die hoch aus dem Bunker fliegen und nach der Landung schnell stoppen sollen, bedarf es einer steileren Schwungbahn; für flache, langausrollende Bälle eher einer weiteren, horizontalausgerichteten Schwungbahn. Den verschiedenartigen Lagen des Balles im Sand wird man am ehesten durch unterschiedlich geneigte Schlägerblätter gerecht.

Liegt der Ball obenauf und damit günstig, können wir ihn in einem relativ flachen Schwung mit flach gestelltem Schlägerblatt mühelos herausschlagen. Die Schlägersohle übernimmt die Führung.

Ist der Ball hingegen in den Sand eingedrungen, muß das Blatt steiler gestellt werden, um überhaupt unter den Ball zu gelangen, und dann muß mittels eines steileren Schwungs der Ball herausgeschnitten werden. Diese Technik, den Ball ohne direkten Schlägerkontakt sozusagen mit Hilfe des Sandes aus dem Bunker herauszuspielen, nennt man einen Explosionsschlag.

Die Kombination der hier beschriebenen Techniken des steilen und flachen Schwingens sowie der steilen und flachen Schlägerblattstellung ergibt eine Unzahl von technischen Möglichkeiten, aus dem Sand mit gutem Erfolg herauszukommen. Spitzenspieler wie Severiano Ballesteros haben etwa 15 spezielle Techniken für praktisch jede Situation im Sand entwickelt. Genauso wie über das Chippen und Putten könnte man über das Bunkerspiel

Flache Schwungbahnen und flach gestelltes Schlägerblatt – geringes Eindringen in den Sand.

Steile Schwungbahn und steil gestelltes Schlägerblatt – tiefes Eindringen in den Sand.

ganze Bücher verfassen. Wie spielt man gute Lagen, Aufwärts- und Abwärtslagen, tief eingebohrte Bälle, kurze und sehr lange Schläge, schnell stoppende und lang ausrollende? Zu fürchten wäre allerdings, daß das alles viel zu verwirrend würde. Was aber noch viel wichtiger ist: Feinheiten des Bunkerspiels kann man ohnedies nur aus der Erfahrung und dem ständigen intensiven Üben erlernen. Ein paar Grundregeln allerdings sind wichtig. Sie machen die Dinge einfacher.

Das beginnt damit, daß die Füße gut in den Sand eingegraben werden.

Der Bunkerschlag nach dem Prinzip: rein → durch → raus. Die Schlagfläche bleibt nach dem Treffmoment offen. Nur so entsteht ausreichend Backspin.

Die auffallenden, drehenden Bewegungen mit den Füßen und Beinen sorgen zum einen für einen guten Stand, zum anderen lernen wir den Sand kennen. Sie wissen dann, ob er leicht oder schwer, trocken im Untergrund oder naß ist – alles Dinge, die für die Ausführung des Schlages von Wichtigkeit sind. Der Schläger wird kürzer gefaßt, damit wir näher am Ball sind. In die Knie, manchmal sogar in die Hocke gehen erhöht das Gefühl für einen dosierten Schlag. Die Ansprechposition richtet sich deutlich nach links von der Fahne aus. Der Stand ist offen. Das Schlägerblatt allerdings ist square zur Fahne ausgerichtet. Beim Schwung entlang der Schulterlinie kommt der Schläger von außen an den Ball, so daß dieser ausreichend Schnitt bekommt, nach der Landung relativ schnell zu stoppen. Da das

Im Bunker

Schlägerblatt zum Ziel weist, fliegt der Ball in Richtung Fahne. Beim Pre-Set ist darauf zu achten, daß das Gewicht 60:40 nach links verteilt ist, auch die Knie sind betont nach links verschoben. Der Schwung erfolgt armbetont mit möglichst wenig Bewegung der Beine und Hüften.
Wichtig ist zudem, daß ausnahmsweise nicht der Ball angeschaut wird, sondern der Punkt dahinter, wo der Schläger in den Sand dringen soll. Der Ball liegt wie immer auf der Höhe des linken Absatzes.
Wie kräftig für einen Schlag aus dem Sand geschwungen werden soll, kann nur Erfahrung und Übung lehren. Jack Nicklaus empfiehlt, doppelt so stark zuzuschlagen wie bei einem Pitch aus gleicher Entfernung – bei einem Bunkerschlag von 15 m wie bei einem Pitch aus 30 m also.

Ansprechhaltung vor einem Bunkerschlag.

Fairway-Bunker

Bei Schlägen aus Fairway-Bunkern, in Situationen also, wenn Sie aus Bunkern nicht nur aufs nahe Grün schlagen, sondern vor allem Distanz machen müssen, ist folgendes von Bedeutung: Die Ansprechposition ist square zum Ziel, der Ball allerdings geht zurück zur Körpermitte. Jetzt hat alles Augenmerk darauf gerichtet zu sein, daß der Ball klar getroffen wird, d. h. daß *kein* Sand dazwischen ist. In Fairway-Bunkern kommt nicht nur der Sand Wedge zum Einsatz. Alle Schläger stehen zur Disposition. Sogar mit Hölzern kann erfolgreich aus dem Sand gespielt werden. Der Ball muß dazu genauestens fixiert werden. Am besten suchen Sie sich eine markante Stelle auf der Balloberfläche und lassen diese optisch nicht mehr los. Haben Fairway-Bunker eine ausgeprägte Lippe nach vorn, sollten Sie

nur sicher herausspielen und *nicht* auf Weite gehen. Die Lippe ist schon manchem Spitzenspieler zum Verhängnis geworden. Hier geht Sicherheit vor Distanz.

Putten

In unserer Bildserie wird deutlich, was Gary Player, einer der größten Golfer unserer Zeit, meinte, als er John einmal den persönlichen Rat gab: »*Absolutely no movement.*« Für ihn ist das zentrale Moment des Puttens die völlige Unbeweglichkeit des Körpers während des Schlages. Nur das Schlagpendel bewegt sich, der Körper aber, an dem es aufgehängt ist, bleibt absolut ohne jede Bewegung. Und das Ganze geht zumindest bei Gary Player noch weiter. Sein Kopf verharrt so lange in der Ansprechposition, bis der Ball im Loch verschwindet. Nach dem Treffen schaut er also dem Ball nicht

Putten

nach, sondern der Blick bleibt fixiert auf jene Stelle, wo der Ball gelegen hat. Er ist daher auch nicht in der Lage, zu sagen, auf welcher Seite der Ball am Loch vorbeigelaufen ist, sollte er dieses tatsächlich einmal verfehlt haben. Eines der Geheimnisse erfolgreichen Puttens: Bleiben Sie mit Ihrem Körper so unbeweglich (ja starr) wie möglich.

Beim Putten wird Golf zum absoluten Präzisionssport. Auf dem Grün liegend befindet sich der Ball jetzt in relativer Nähe zum Loch, und für gute Spieler sollte der magische Anziehungspunkt von 10,8 cm Durchmesser mit 2 Putts erreicht sein. **Niemals 3 Putts** ist eine der Unbedingt-Forderungen erfolgreichen Golfs. Nicht mehr als 36 Putts also pro Runde. Jack Nicklaus ist dazu folgender Ansicht: Wer als ansonsten guter Spieler mehr als 40 Putts pro Runde braucht, sollte sich beim Training nur noch dem Put-

ten widmen. Wie recht er hat, weiß jeder von uns aus eigener bitterer Erfahrung, wenn nämlich, wie so oft, ein möglicher guter Score durch miserables Putten verspielt worden ist. Gutes Putten ist für erfolgreiches Golf eine unabdingbare Voraussetzung.

Während der Fernsehübertragungen von den großen Golfturnieren wird deutlich, daß fast alle Spieler mit der gleichen Anzahl von Schlägen auf dem Grün sind, daß der Turniererfolg aber letztlich davon abhängt, mit wie vielen Putts eingelocht werden kann. Und weil wir gerade beim Fernsehen sind, gleich zu einer zweiten »Unbedingt-Forderung«: Haben Sie einmal beobachtet, wie die Spitzenspieler den Ball auch aus kürzester Entfernung ins Loch geradezu hineinhauen?

Der Puttschwung als fließende Bewegung der Arme. Der Körper wird absolut stillgehalten.

Man hat den Eindruck, als würde der Ball erst Meter hinter dem Loch zur Ruhe kommen, wenn es nicht getroffen würde. **Niemals einen Putt zu kurz lassen,** ist das allgemeine Glaubensbekenntnis, dem auch Sie sich von Anfang an unterwerfen sollten. *»Never up, never in«* ist die einfache Wahrheit. Ängstliches Putten zahlt sich in keinem Fall aus. Bleibt der Ball zu kurz, ist die Chance, einzulochen, absolut vertan.

Wissenschaftliche Untersuchungen haben gezeigt, daß Putts so schnell sein sollen, daß sie 40 cm über das Loch hinausgehen würden. Hierfür sprechen im wesentlichen zwei Gründe. Erstens werden Unebenheiten auf dem Grün von schnellen Bällen besser geschluckt; zweitens weiß man, wenn man nicht trifft, wie der Ball in Lochnähe reagiert hat, und das erleichtert den Rückputt. Hart geschlagene Putts helfen des weiteren, die eigenen Schwächen besser zu erkennen. Ist man dagegen einmal zu kurz, dann wieder zu lang, puttet man also ohne erkennbares System, wird man immer Schwierigkeiten haben, die persönlichen Puttprobleme zu analysieren.

Damit Sie – und dieser Rat sei schon hier gegeben – Ihren nächsten Putt nicht zu kurz lassen, stellen Sie sich vor jedem Schlag Ihren letzten zu kurzen Putt vor und wie er statt dessen hätte sein müssen. Das wird Sie beflügeln, diesmal etwas fester zuzuschlagen.

Beim langen Spiel ist jeder von uns immer wieder versucht, sich mit den Großen des Golfs zu vergleichen, meist mit dem Ergebnis Frust. Wir sind von Haus aus nicht so »lang«, oder wir sind so »lang«, dann aber nicht so präzis. Anders beim Putten: Das Längenproblem entfällt hier. Und viel kann mit gutem Putten wettgemacht werden, was man im Vergleich zum langen Spiel der Profis verloren hat. Nutzen Sie also Ihre Chance. Noch etwas anderes gilt es zu bedenken: Wer gut puttet, braucht beim Spiel ums Grün herum nicht allzuviel zu riskieren. Es muß nicht immer die Fahne beim Chippen und Pitchen anvisiert werden, vor allem wenn Bunker und Wasser den direkten Weg bedrohen. Lieber etwas weiter weg von der Fahne landen, das Grün dabei aber ohne Risiko erreichen und dann beim Putten das Loch mit guten Chancen angreifen.

Ein Wort zur inneren Einstellung. Es ist nicht allzu schwierig, den Ball aus kurzer Distanz einzulochen oder ihn aus größerer Entfernung zumindest noch ans Loch zu putten. Das gelingt auf dem Übungsgrün meist mit schöner Regelmäßigkeit. Alles ändert sich aber entscheidend, wenn es auf der Runde um die Wurst geht. Hier nämlich muß der sogenannte machbare Putt rein, und gelingt dies nicht, hat das bei den meisten unangenehme Folgen für das weitere Spiel. Der kurze ausgelassene Putt ist für immer verloren. Das wissen Sie und setzen sich damit unter den bekannten psychologischen

»Seve« beim Putten. Eine Eigenheit seines Griffs ist der rechte ausgestreckte Zeigefinger.

Druck. Leider werden wir alle zu oft beherrscht von den Folgen des ausgelassenen Putts. Abhilfe schafft hier Selbstvertrauen. Ist dies schon an sich der Schlüssel für persönlichen Erfolg im Leben, für den passionierten Spieler wird es unmittelbar vor dem Loch geradezu zur Voraussetzung des Überlebens. Wenn Sie nur fest genug daran glauben, es sogar wissen, daß Sie mit dem nächsten Schlag einlochen, so wird dies meist gelingen, selbst wenn Ihre Technik nicht eben gut ist. Sind Sie aber der geborene Zweifler, hilft Ihnen auch die beste Technik nicht zu jenem Erfolg, den Sie eigentlich verdienten. Selbstvertrauen läßt sich gewinnen, das ist keine Frage. Mit einem kleinen Trick: Es muß gelingen, sich von Zweifel und Angst zu befreien, zumindest aber sich abzulenken. Und dazu ist nichts besser geeignet als volle Konzentration auf das, was zu tun ansteht, den Ball ins Loch zu schlagen. Alles Augenmerk also auf die Technik.

Immer wieder ist zu hören, daß es beim Golfschwung eine Reihe spezieller Techniken anzuwenden gälte, daß es aber beim Putten zum Großteil aufs Gefühl ankäme. Dagegen spricht, daß es mittlerweile Bibliotheken gibt, die mit Golfliteratur gefüllt sind, und in fast allen Büchern wird der Beschreibung von Putt-Techniken breiter Raum gegeben. Die Ansicht, daß eigentlich das persönliche Gefühl über Erfolg und Mißerfolg entscheidet, dürfte sich in erster Linie gebildet haben, weil fast jeder, der den Putter schwingt, ganz verschiedenartig auf

den Ball schlägt. Auch die Spitzenspieler! Die guten Puttschläge indes unterscheiden sich längst nicht in dem Maße, wie bei oberflächlicher Betrachtung angenommen. Sie alle haben eine Vielzahl technischer Gemeinsamkeiten, über die wir Sie im folgenden informieren werden. Soviel sei aber schon jetzt gesagt: Jeder, der Putten wirklich lernen will, sollte sich mit einer Vielzahl von Methoden auseinandersetzen. Ball vorne, Ball weiter zurück, offener oder geschlossener Stand, Schwung mit den Armen, den Schultern oder den Händen – um nur einige Möglichkeiten zu nennen. All das sollte Ihnen helfen herauszufinden, was Ihnen ein gutes Gefühl gibt, und bei einer solchen Ausgangslage sollte es Ihnen auch nicht schwerfallen, ein paar grundlegende Kriterien in Ihren Puttschwung einzubauen. Wie haben Sie schon einmal in diesem Buch gelesen? Alles muß relativ einfach sein, es muß sich gut anfühlen und natürlich Erfolg bringen.

Die Ansprechhaltung beim Putten

Ganz gleich, mit welchem Griff Sie Ihre normalen Golfschläge spielen, Sie können ihn grundsätzlich auch fürs Putten verwenden. Eine kleine Änderung allerdings ist angezeigt: Drehen Sie beide Hände so um den Schlägergriff, daß die Finger weit mehr als bisher sichtbar werden. Drehen Sie die Hände so lange hin und her, bis Sie einen Griff gefunden haben, der Ihnen ein gutes Gefühl gibt.

Ansprechhaltung beim Putten

Drei empfehlenswerte Griffe fürs Putten. Finden Sie heraus, welcher Griff Ihnen das beste Gefühl vermittelt. Das Grundprinzip eines guten Griffs ist: Die rechte Handfläche und der linke Handrücken zeigen zum Ziel.

Der Putter liegt dann richtig in Ihren Händen, wenn diese einander ergänzen. Keine Hand spielt jetzt eine dominierende Rolle. Beide Hände sollen harmonisch aufeinander abgestimmt sein – sozusagen eine Einheit bilden. Wird der Putter gehalten wie auf dem Foto, so arbeitet jede Hand der anderen entgegen, den Schläger während des Schlages zu verdrehen. Als Orientierungshilfe können einmal mehr die V's dienen. Der Griff ist während des ganzen Schlages fest, jedoch nicht so fest, daß die Unterarme verkrampfen.

Aus diesem Griff ergibt sich eine bestimmte Haltung der Unterarme, die durch einen etwa 90°-Winkel am Schläger gekennzeichnet ist. Hierdurch wird die gewünschte freie Armbewegung ermöglicht.

Wo am Griff wird der Putter richtig angefaßt? Neuere Untersuchungen haben gezeigt, daß, wenn man den Schläger weiter oben anfaßt, der Griff etwas lockerer wird und der Schlag in der Regel mehr aus den Handgelenken heraus erfolgt. Der Schlag wird fester und gleichmäßiger, wenn der Schläger weiter unten am Schaft gegriffen wird. Dabei ist folgendes zu berücksichtigen: Im Lauf der Jahre hat sich das Putten von einer eher stoßenden Bewegung aus den Handgelenken ausgehend zu

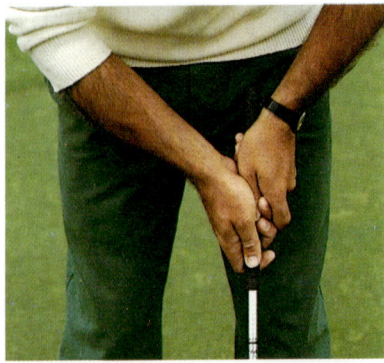

richtig

Haltung der Unterarme, wie sie immer zu beobachten ist.

falsch

falsch

einem Schlag mit den Armen aus den Schultern heraus entwickelt. Die Handgelenke werden praktisch kaum mehr eingesetzt. Jack Nicklaus hat diesen Stil publik gemacht und seine Erfolge haben seit Mitte der 60er Jahre Nachahmer gefunden. Auch Durchschnittsgolfer putten jetzt auf diese Weise. Ein wichtiges Element dieses Stils – John zeigt eingangs dieses Kapitels, wie es gemacht wird – ist, daß eine gerade Linie vom Schaft hinauf in die Unterarme läuft. Hierbei wird offensichtlich der Versuch unternommen, auf der Verbindung Arme – Ball nur einen Winkel zu haben. Auch wird in Sachen Unterarme etwas weiteres Wichtiges erreicht: Wenn Sie beim Ansprechen des Balles eine Linie zwischen beiden Armbeugen ziehen würden – lassen Sie sich dabei von einem Freund mit einem Schläger helfen –, so liegt diese Linie parallel zur Puttlinie. Arme und Schultern sind unter diesen Umständen richtig ausgerichtet.

Gleichzeitig wird deutlich, daß die Ansprechhaltung sehr ähnlich jener mit einem Wedge ist, nur daß der Ball eben noch näher bei den Füßen liegt. Achten Sie darauf, daß Ihr Kopf nicht auf die Brust fällt. Sie müssen sich dann zu weit vorlegen, um den Ball richtig anschauen zu können. Je tiefer Sie sich über den Ball beugen, um so mehr schränken Sie naturgemäß Ihr Gesichtsfeld ein und vergrößern zudem die Gefahr, im Treffmoment den

Ansprechhaltung beim Putten

Die Ansprechhaltung beim Putten.

Die Augen sollen sich senkrecht über dem Ball befinden.

Kopf zu heben. Weitere Grundelemente nur zu Ihrer Erinnerung: Schultern, Hüften, Knie und Füße sind square zum Ziel ausgerichtet. Entscheidend für die ideale Ansprechposition ist auch die Lage des Balles. Als Anhaltspunkt, wo der Ball liegen soll, dient hier die große Zehe des linken Fußes. Paul Runyan, der Altmeister des kurzen Spiels, empfiehlt diese Ballposition als die ideale, weil seiner Ansicht nach der Ball so am besten getroffen wird. Wenn die beste Lage auch für Sie nicht unbedingt so weit vorn sein muß, spielen Sie immer zumindest in der Nähe des linken Fußes. Alle guten Putter halten diese Position für die empfehlenswerteste. Manche Spieler belasten ihr linkes Bein vor und während des Schlages etwas mehr als das rechte. Ein Verhältnis von 60:40 ist hierbei die übliche Gewichtsverteilung.

Theoretisch zumindest sollen die Augen immer direkt über dem Ball sein. Und sobald erste Puttprobleme auf-

tauchen, sollten Sie Ihre Augenstellung in Relation zur Position des Balles überprüfen. Der Putter hilft Ihnen dabei.

Die Theorie besagt auch, daß der Ball leicht nach rechts läuft, wenn die Augen innerhalb der direkten Linie zum Loch sind, und Tendenz nach links hat, wenn Sie mit den Augen außerhalb dieser Linie liegen. Die Praxis allerdings zeigt, daß ganz hervorragende Putter wie etwa Ben Crenshaw die Augen stets innerhalb haben mit der Begründung, man könne den Schläger besser gerade zurückschwingen. Insgesamt aber gesehen haben die meisten Spitzengolfer die Augen direkt über dem Ball (so auch Bernhard Langer), einige wenige innerhalb der Linie zum Loch, aber gar keiner außerhalb (!).

Der Puttschwung

Wie gesagt, es gibt eine Reihe unterschiedlicher Möglichkeiten, den Putter zu bewegen. Nur die Handgelenke werden eingesetzt, Handgelenke im Verein mit den Unterarmen oder aber – und das ist die Methode, der wir zuneigen – der Puttschwung erfolgt aus den Schultern heraus.

Ganz entscheidend für den gelungenen, sprich erfolgreichen Puttschwung ist, daß man im Treffmoment exakt wieder zu seiner Ansprechposition zurückkehrt. Vergleichen Sie auf unserer Bildserie die Haltung von John beim Ansprechen und im Treffmoment.

Der Winkel des linken Handgelenks bleibt über den gesamten Puttschwung hinweg unverändert.

Der Puttschwung

Besonderes Augenmerk gilt zudem dem Winkel des linken Handgelenkes. Er muß während des gesamten Schlages unverändert bleiben. Hierin liegt nach übereinstimmender Meinung aller, die sich mit Putten ernsthaft auseinandergesetzt haben, der Schlüssel zum Erfolg. Gute Putter haben im Treffmoment annähernd die gleiche Haltung wie beim Ansprechen des Balles, gleichgültig, mit welcher Technik sie putten. So einfach ist es. Wenn Sie beim Ansprechen des Balles den Schläger zwar richtig aufs Loch hin ausrichten, dann aber »verdreht« aus dem Rückschwung zum Ball zurückkommen, sind die Chancen nicht allzu groß, viele Putts einzulochen. Vor allem unter Druck nicht! Am besten erreichen Sie die Ausgangsposition wieder, wenn Sie sich während des gesamten Schwungs um eine lockere Gangart bemühen. Keine ruckhaften Bewegungen; fließend, weich und rhythmisch soll der Schläger geschwungen werden. Stocken Sie nicht ängstlich mitten im Schwung, weil Sie Angst haben, der Putt geht zu weit. Legen Sie vorher die Schwungamplitude fest, von der Sie sicher sind, daß sie dem Ball die richtige Länge gibt, und schwingen Sie dann durch den Ball hindurch, ohne zu zögern und mit der Gewißheit, gleich plumpst er ins Loch.

Was den Puttschwung selbst anlangt, so läßt sich die geforderte fließende Bewegung am ehesten in der gewünschten Weise ausführen, wenn man sich den Schlägerkopf als das Ende eines großen Pendels vorstellt.

Beim Rückschwung kommt es zur völligen Ruhe, bevor es wieder nach vorn schwingt. Gerade im Bereich dieses Umkehrpunktes liegen die größten Gefahren, den Putter aus der gewünschten Bahn zu bringen. Dort, wo sich die Rückwärts- zur Vorwärtsbewegung wandelt, kann durch hastiges Agieren aller am Pendel beteiligten Körperteile der Putter nicht nur aus seiner vorgezeichneten Schwungebene gerissen werden, sondern auch den Schlägerkopf so verdrehen, daß vom Square-Treffen des Balles keine Rede mehr sein kann. Hilfreich ist also durchaus die Konzentration auf den Moment der Ruhe, der den Rückschwung beendet. Obwohl immer wieder zu hören und zu lesen ist, daß der Schlägerkopf in gerader Linie vom Ball zurückgeführt wird, entspricht dies nicht den Tatsachen. Durch unsere Anatomie bedingt, bewegt sich der Schlägerkopf immer leicht nach innen, wobei die Betonung auf »leicht« liegt. Richtig ist allerdings, daß wir uns von Anfang an bemühen, den Schlägerkopf sozusagen im rechten Winkel nach hinten zu führen. Dieses bewußte gerade Starten nach hinten hält die Bewegung nach innen in Grenzen, so daß von der squaren Treffgeometrie nur geringfügig abgewichen wird.

Dem Ball die gewünschte Länge zu geben, sollten Sie auf folgende Weise lösen: Bemühen Sie sich, eine Wechselbeziehung herzustellen zwischen der gewünschten Länge und dem Ausschlag des Pendels beim Rückschwung. Auch hier gilt wieder

Beim Rückschwung bewegt sich der Schläger-kopf nach innen.

das Prinzip: So einfach wie möglich! Versuchen Sie nicht, dem Ball durch eine deutliche (ruckhafte) Beschleunigung beim Durchschwung lang zu machen. Das geht in aller Regel zu Lasten der Treffgenauigkeit. Bemühen Sie sich, auf dem Übungsgrün heraus-zufinden – und das sollte Sie geraume Zeit zu Beginn Ihrer Puttkarriere in Anspruch nehmen –, wie weit Sie aus-holen müssen, um den Ball so weit rol-len zu lassen, wie Sie es gerade wün-schen. Dabei nicht vergessen: Lieber

zu lang als zu kurz. *Never up, never in.* Nachdem der Ball getroffen ist, schwingt das Körperpendel harmo-nisch nach vorne aus. Dies ist deshalb von besonderer Wichtigkeit, weil die gewünschte fließende Bewegung vom Ansprechen über den Rückschwung zum Treffen des Balles am ehesten durch eine harmonische Gesamtbe-wegung erreicht werden kann.

Was Ihr Üben auf dem Übungsgrün (oder zu Hause auf dem Spanntep-pich) anlangt, zwei Empfehlungen: Erstens werden Ihre Mühen nicht son-derlich belohnt, wenn Sie stets von der gleichen Stelle aus die Bälle ins Ziel putten. Sie haben zu viel Erfolg dabei, halten sich für einen besseren Putter, als es tatsächlich der Fall ist, und sind darum um so enttäuschter, wenn es dann nicht mehr klappt, so-bald es wirklich darauf ankommt. Bes-ser ist, Sie verteilen 10 Bälle wahllos um das Loch herum und lernen aus den nunmehr 10 unterschiedlichen Be-dingungen. Zweitens: Trainieren Sie das Einlochen stets aus der für Sie machbaren Distanz. Nur so behalten Sie klaren Blick, was Sie derzeit wirk-lich können und welche Fortschritte Ihr Putten tatsächlich macht.

Mit einem Spiel über 9 Löcher auf dem Puttinggrün können Sie dem Trai-ning zu spannender Abwechslung ver-helfen. Es geht darum, nicht zu kurz zu bleiben. Sie spielen mit Ihrem Partner um das berühmte Bier und jeder zu kurze Schlag wird durch 1 Meter zurücklegen bestraft, auch wenn der Ball nur einen Zentimeter vor dem Loch liegen bleibt!

Der Puttschwung

Wir kommen noch einmal auf den Schläger zurück. Viel ist jetzt über Putter zu lesen, die auf der Basis neuer wissenschaftlicher Erkenntnisse gebaut sind und damit den herkömmlichen weit überlegen sein sollen. Eine solche Überlegenheit drückt sich im Werbetext sogar in Zahlen aus: »Brauchen Sie mit einem herkömmlichen Putter durchschnittlich 2,89 Schläge pro Grün, so senken Sie diese Zahl bei Verwendung unseres Putters sofort (ohne jede Technik zu ändern) auf 2,31.« Das mag durch wissenschaftlich ausgewertete Tests noch so erhärtet sein und möglicherweise auch der Wahrheit entsprechen – wir betonen hier nochmals, daß das allerwichtigste bei der Wahl Ihres Putters ist, daß er Ihnen liegt und daß Sie sich gar keinen besseren Schläger vorstellen können. In einer solchen Einstellung liegt sicher auch die Erklärung dafür, daß Jack Nicklaus zwanzig Jahre lang immer den gleichen Putter in seiner Golftasche hatte. Wir verzichten hier auf Erklärungen, wie etwa ein Grün zu lesen ist – der Wuchs des Grases beeinflußt Richtung und Geschwindigkeit des Balles – und auch, wie man am besten vorgeht, wenn der Ball zum Loch hin nicht gerade rollen wird, weil Unebenheiten zu überwinden sind. Hier beginnen die höheren Weihen des Puttens. Wir wollen es mit den Grundbegriffen gut sein lassen, der Rahmen unseres Büchleins würde sonst gesprengt. Ein Hilfsmittel wollen wir zu guter Letzt aber nicht verschweigen. Überschrift: Besser Zielen.

Norden Sie den Ball mit seiner Beschriftung genau aufs Loch ein. Das ist bei Entfernungen bis zu 10 m ohne weiteres möglich, und versuchen Sie dann so zu treffen, daß die Markierung Ihres Putters square auf die Beschriftung des Balles trifft. Sie werden staunen, wie genau Sie plötzlich sind.

Die Schrift auf dem Ball weist Ihnen den Weg zum Loch.

113

Etikette

Nicht, daß es nicht genug geschriebene Regeln gäbe – Golf als Spiel funktioniert nur unter Berücksichtigung und Anwendung des wohl umfangreichsten Regelwerks, das mit einem sportlichen Spiel verbunden ist. Die Regeln aber, die unter der Überschrift Etikette zusammengefaßt sind, beinhalten die ungeschriebenen Gesetze des Golfsports, sozusagen die golferischen Anstandsregeln. In jedem Regelbuch ist nachzulesen, was alles unter die Etikette fällt, und da es eine erhebliche Anzahl von echten Spielregeln zu kennen gilt, um z. B. bei Turnieren mit dem nötigsten Rüstzeug aufwarten zu können, sollte man meinen, habe jeder Golfer schon mal das Regelbuch studiert und ist dabei nolens volens an der Etikette nicht vorbeigekommen. Überflüssig zu erwähnen, daß auch während der obligatorischen Regelabende im Club ausführlich auf den Anstand im Golf eingegangen wird. Dennoch ist erstaunlich, daß in praxi diese Regeln von den wenigsten befolgt werden. Pauschalurteile machen die Runde, daß es zum Beispiel immer die unerzogene Jugend sei, die sich danebenbenähme, oder daß man von Golfneulingen eben nichts anderes erwarten könne. Nichts von alledem stimmt uneingeschränkt, denn auch altgediente Niedrighandicaper benehmen sich gelegentlich total daneben.

Woher kommt es, daß die Höflichkeit auf dem Platz und auch zum Platz nur noch Seltenheitswert hat? Ist es vielleicht weltfremd, von Golfern etwas zu verlangen, was im außersportlichen Leben immer mehr abbröckelt? In ganz Deutschland wird von den Verantwortlichen mit Sorge beobachtet, daß zunehmend Golfer die Szene betreten, die ohne Kenntnis auch der elementarsten Regeln mal auf einem »richtigen« Platz spielen wollen. Grundkenntnisse meist nur den Bewegungsablauf betreffend hat man in Golfhallen, im Urlaub oder in Schnupperkursen bekommen, nur vom Golfknigge war da gewöhnlich nichts zu hören. Golf ist aber ein Sport, zu dem in erster Linie gehört, wie man sich auf der Sportanlage richtig verhält. Denn nur so haben Ihre Mitspieler, die anderen Spieler auf dem Platz und letztlich natürlich Sie selbst den Spaß am Spiel, den Sie vom Golf erwarten.

Zur Schonung des Platzes, um nun in medias res zu gehen, sind alle herausgeschlagenen Rasenstücke, sogenannte *Divots,* wieder zurückzulegen. Auch die Pitchmarken auf den Grüns, die durch die Einschläge der Bälle entstehen, müssen peinlich genau ausgebessert werden. Schauen Sie sich einmal den Pflegezustand jener Plätze an, auf denen nicht auf Etikette geachtet werden muß; zum Beispiel Plätze, wo interessierte Urlauber sich austoben dürfen. Aus den Fairways sind mittlerweile so viele Divots herausgeschlagen, daß man nur noch mit »Besserlegen« spielen kann, damit über-

Das Finish von Ballesteros hat an Eleganz kaum seinesgleichen in der Welt.

Herausgeschlagene Rasenstücke, sog. Divots, sind zurückzulegen und festzutreten.

Die Pitchmarke. Mit der Pitchgabel wird entgegen der Spielrichtung unter das Einschlagloch gefahren und das Erdreich nach oben gedrückt.

haupt einigermaßen korrekte Bedingungen zustande kommen. Wir alle erwarten von jedem Platz einen hervorragenden Zustand. Wie aber kann das verwirklicht werden, wenn nicht gewährleistet ist, daß jeder Spieler das Seine dazu tut? Es gibt Plätze in Amerika, da bekommt jeder Spieler ein Päckchen Grassamen mit auf die Runde. Wo Divots herausgeschlagen werden, muß sofort nachgesät werden. Zuwiderhandlungen werden mit Spielverbot geahndet. Untersuchungen haben gezeigt, daß die Stelle auf dem Grün, in die der Ball eingeschlagen hat und die sofort ausgebessert wird, schon am nächsten Tag nicht mehr zu erkennen ist. Wird hingegen erst viel später, etwa bei der Grünpflege durch den Greenkeeper ausgebessert, so kann sich das Gras an

dieser Stelle, je nach Witterung, bis zu 5 Tagen nicht wieder erholen. Bei ordnungsgemäßer Ausbesserung wird entgegen der Spielrichtung mit der Pitch-Gabel unter das Einschlagloch gefahren und das Erdreich nach oben gedrückt. Danach wird die Stelle mit dem Putterkopf geglättet.
Ein Trauerspiel ist auch die Art, wie vielfach mit einem bespielten Bunker umgegangen wird. Man recht in der Regel lieb- und achtlos in der Gewißheit, daß man da heute sowieso nicht mehr hineingelangt. Daß aber nachfolgende Spieler oftmals durch diese Art der »Pflege« aus ganz unmöglichen Lagen spielen müssen, scheint die Vorgänger nicht weiter zu kümmern. Wenn man selbst allerdings unter den so geschaffenen Nachteilen zu leiden hat, ist das Lamentieren

Etikette

groß und lautstark wird dann die Etikette beschworen. Die Regel für die Bunkerpflege ist ganz einfach: Hinterlasse einen Bunker so, wie du ihn gerne vorfinden würdest (wenn man schon hinein muß). Und: Verlasse ihn nie in schlechterem Zustand, als du ihn vorgefunden hast.

Markieren des Balles auf dem Grün: Wenn Sie Ihren Ball so markieren, wie auf dem linken Bild ersichtlich, können Sie ihn nicht in der Weise wieder zurücklegen, wie das auf dem rechten Bild dargestellt ist. Legen Sie Ihren Ball näher zum Loch, so verstoßen Sie nicht gegen die Etikette, sondern gegen die Spielregeln.

Falsche und richtige »Pflege« eines Bunkers.

Ein Golfwagen hat zwischen Grün und Bunker nichts zu suchen. Die Fahne läßt man nicht achtlos fallen – sie könnte das Grün beschädigen –, sondern sie wird vorsichtig abgelegt.

Jeder Spieler muß die Chance haben, beim Golfschlag sein Bestes zu geben. Wie aber kann er sich mental und körperlich richtig einstellen, wenn um ihn herum gesprochen, vielleicht sogar laut gelacht wird, wenn die ganze Szene in Bewegung ist? Es gibt die strikte Regel, daß niemand sprechen und sich bewegen darf, während ein Spieler den Ball anspricht und seinen Schlag macht. Wobei hier zu präzisieren wäre, daß diese Disziplin zu spät einsetzt, wenn der Mitspieler mit dem Ansprechen beginnt. Genaugenommen kommt dieser Teil der Etikette zum Zuge, wenn der Mitspieler seinen Ball erreicht, weil normalerweise schon zu diesem Zeitpunkt der Beginn der Vorbereitungen für den Schlag anzusetzen ist. Wo sollen Sie als Spieler stehen, wenn der Partner seinen Schlag macht? Vor allem beim Abschlagen wird hier gesündigt. Am korrektesten verhalten Sie sich, wenn Sie genau gegenüberstehen. Für den Spieler am störendsten ist es, wenn die Mitspieler sich so aufstellen, daß er sie beim Ansprechen und Waggeln einmal im Blick hat und dann wieder nicht. Stehen Sie *out of eyesight*.

Etikette

Das eben Gesagte gilt im übrigen nicht nur für die eigene Gruppe, sondern bezieht sich auf alle Spieler am Platz. Wie oft kommen Sie auf Ihrem Weg zum nächsten Abschlag nahe an einem Grün vorbei, wo gerade geputtet wird. Auch hier ist erste Bürgerpflicht: Gespräche einstellen und stehenbleiben.

Es gibt immer wieder Situationen, wo sich Flights begegnen und die Frage zu entscheiden ist, wer zuerst zu spielen hat. Besonders bei engen Parallelfairways kommt dies vor. Hier entscheidet weniger die Höflichkeit, dem

Korrektes Verhalten, während der Mitspieler seinen Ball anspricht.

anderen den Vortritt zu lassen, als vielmehr die Etikette, die besagt, daß grundsätzlich zuerst spielen sollte, wer auf der Runde weiter fortgeschritten ist.

Mit zu den wesentlichen Voraussetzungen für zügiges Spiel aller gehört, daß die Golftaschen und -wagen am Grün korrekt abgestellt werden. Und der einzig richtige Platz dafür ist der Ausgang zum nächsten Abschlag. Wer sein Gepäck vor dem Grün liegen läßt, muß zurückgehen und behindert damit die nachfolgenden Spieler. Vor allem bei Gedränge auf dem Platz macht so etwas böses Blut. Selbst dann, wenn Ihr Ergebnis an diesem oder jenem Loch absolut über-

ragend ist und daher sofortiger Notierung bedarf, warten Sie damit, bis Sie das Grün verlassen haben; die Nachspieler sind Ihnen dankbar dafür. Dieser Teil der Etikette soll sicherstellen, daß das Spiel auf dem gesamten Platz in Bewegung bleibt und niemand ungeduldig zu werden braucht, weil vor ihm getrödelt wird. Beim Lesen dieser Zeilen werden Sie finden, daß das alles doch ganz normal und selbstverständlich ist. In der Praxis leider ist dem ganz und gar nicht so. Erinnern Sie sich doch selbst, wie oft Sie sich schon über die mangelnde Etikette der Vorderleute geärgert haben.

Heißestes Eisen ist das Überholen. Im schlimmsten Fall werden zu langsame Spieler von hinten so lange angemosert (von leise bis unüberhörbar), bis sie einem endlich nachgeben und durchspielen lassen. Viele Golfer haben mit der Geste freiwilligen Platzmachens größte Probleme. Es ist keineswegs nur immer die Unaufmerksamkeit gegenüber den Hinterleuten, vielmehr spielt sicherlich so manches Mal ein innerliches Machtgefühl eine Rolle. Ohne das Winken nämlich zum Durchspielen kann man dem gesamten Spielbetrieb hinter sich das eigene Schneckentempo aufzwingen. Und das scheint für den einen oder anderen doch ein ganz schön erhebendes Gefühl zu sein. Weg daher vom Regulativ Emotion beim Überholen und hin zu den Vorschriften der Etikette! Bevor sich jemand auf Ballsuche, dem größten Verzögerungsfaktor, begibt, ein Blick zurück. Steht da schon jemand in Lauerstellung und dürfte sich das Ballfinden aller Voraussicht nach als schwierig erweisen (bis zu 5 Minuten suchen sind erlaubt) – durchspielen lassen. Spielt Ihr Flight langsamer als die Vorgruppe und wird dadurch eine Spielbahn frei, *müssen* Sie durchspielen lassen.

Gefährlich kann es werden, wenn Sie zum Beispiel an einem 3er-Loch schon abschlagen, bevor das Grün vor Ihnen geräumt ist. Es gibt auch in Ihrem Leben Golfschläge, die so phantastisch gelingen, daß Sie nicht damit rechnen konnten. Trotzdem sind Sie verantwortlich, wenn Sie jemanden treffen. Machen Sie es sich zur Regel, kein Grün anzuspielen, auf dem sich noch Mitstreiter um den letzten Putt bemühen.

Golf mental

Wenn Sie beim Tennis einen schlechten Ball schlagen, haben Sie immer noch eine Chance. So spielt zum Beispiel der Gegner selbst schlecht zurück oder Sie können durch vermehrten Körpereinsatz ausgleichen, was Sie technisch vermasselt haben. Beim Tennis haben Schläge nicht so etwas Endgültiges wie beim Golf. Golf ist unter anderem deshalb so vertrackt, weil Sie absolut nichts mehr machen können, wenn der Ball das Schlägerblatt einmal verlassen hat. Und gerade weil das so ist, muß die Schwungtechnik so präzise wie möglich und der Körper mit den richtigen Bewegungsabläufen durch ständiges Üben so vertraut sein, daß man zumindest von einer Reihe von Schlägen sagen kann, die beherrsche man aus dem Effeff. »Normalerweise«, wird da jeder erfahrene Golfer hinzufügen, weil er während seiner Karriere die bittere Erfahrung machen mußte, daß es immer wieder meist auf geradezu rätselhafte Weise zu Einbrüchen kommt; zu katastrophalen Schlägen, für die es keine Erklärung gibt. Nicht umsonst sagen die Schotten, daß es kein Spiel gibt, das mehr zur Demut erzöge als Golf. Und sicherlich hat in dieser Tatsache auch jenes Urteil seinen Ursprung, das Peter Chamberlain in seinem »Lehrbuch Golf« zitiert: »Golf ist keine Frage von Tod und Leben, es ist eine viel ernstere Angelegenheit.« Wenn Sie in sich hineinhören und nach den Gründen für einen mißlungenen Schlag fragen, sind es neben mangelnder Technik meist Selbstüberschätzung oder negatives Denken, die den Ausschlag gegeben haben. Der Dialog mit sich selbst sieht im ersten Fall so aus, daß die innere Stimme warnt, zu einem Holz 3 zu greifen, weil es vom Fairway einfach viel schwieriger zu spielen ist als das vertrautere Eisen 4; »aber nein«, sagt die andere Stimme, »jetzt ist es wirklich Zeit, den Mitspielern einmal zu zeigen, wer hier der Längste am Platz ist, und dafür nehme ich das Risiko auf mich.« Nur in den allerseltensten Fällen wird ein Schlag bei einer solchen inneren Einstellung gelingen. Es gehört zum Wesentlichen im Golf, niemals etwas zu hart oder mit Druck versuchen zu wollen. Etwas nur zu versuchen heißt schon, es zu verfehlen. Versuchen Sie daher nie (außer beim Training), härter und länger zu schlagen, als Sie es je getan haben. Es ist eine große Fehleinschätzung zu glauben, etwa unter dem Adrenalinschub eines wichtigen Turniers mit dem Ball Dinge machen zu können, die bislang nie gelungen sind. Schlimm in solch einer Situation ist nicht einmal so sehr der eine verkorkste Schlag — er läßt sich möglicherweise sogar durch gutes Weiterspielen kompensieren. Nur ist es ja gerade das gute Weiterspiel, das sich nach einem schlechten Schlag *nicht* einstellen will, weil das Selbstvertrauen einen empfindlichen Knacks bekommen hat; der schlechte Schlag hängt jedem von uns nach und das viel länger, als einem lieb ist.

Wichtigste Lektion also: Schätzen Sie sich realistisch ein. Verlangen Sie von sich keine Jack-Nicklaus-Schläge in Serie, sondern bringen Sie das aufs Fairway oder Grün, was Sie tatsächlich können. Dazu allerdings ist nötig, daß Sie wissen, was Sie können und was Sie nicht können. Nehmen Sie ein Eisen 5 zur Hand und schlagen Sie 50 Bälle auf der Übungswiese. Wenn 30 Bälle bei 140 m liegen, 10 bei 130 bzw. 150 m, so können Sie sich einigermaßen darauf verlassen, 140 m weit zu schlagen. Auf keinen Fall können Sie darauf vertrauen, für die Distanz von 150 m mit einem Eisen 5 richtigzuliegen.

Das gleiche gilt beim Putten. Wenn Sie aus 3 m auf dem Puttinggrün von 20 Bällen 5, aus 2 m 10 und aus 1 m 15 Bälle einlochen, dann ist es falsch, davon auszugehen, daß Sie sich auf Ihre 2-m-Putts verlassen können. Viel besser wäre es, sich zu wesentlich mehr Training auf dem Puttinggrün zu motivieren, weil Sie nicht einmal aus 1 m in der Lage sind, jeden Ball ins Loch zu bringen. Erkenne dich selbst und deine tatsächlichen Fähigkeiten – das ist die Lehre daraus.

Was aber ist das Erfolgsrezept gegen schlechte Schläge, die ja nicht nur im Bemühen produziert werden, in den Augen der Mitspieler besser dazustehen, sondern auch, um ein gutes Gesamtergebnis auf der Runde zu erzielen und damit zu einem besseren Handicap zu kommen? Abhilfe schafft da möglicherweise der sogenannte Rundenplan: eine detaillierte Aufschlüsselung der Schläge, die Sie sich mit Fug und Recht zutrauen dürfen und die Zahl der Schläge, die sich von daher für jedes einzelne Loch ergibt. Man spricht in diesem Zusammenhang vom *persönlichen Par.*

Ganz gleich, wie Ihr derzeitiges Handicap nun sein mag, betrachten Sie die Sache einmal aus psychologischer Sicht. Ihr persönliches Par an einem 4er Loch ist eine 5. Was hat das für Folgen für Ihr Spiel? Kein Risiko beim Abschlag, weil Sie ja nicht mit dem 2. Schlag auf dem Grün sein müssen. Kein Risiko beim 2. Schlag, weil Sie nicht mit diesem auf dem Grün sein müssen. Kein Problem beim 3. Schlag, weil er ja nicht an der Fahne liegen muß usw. Was aber ist das Ergebnis einer solchen Strategie? Sie sind locker, weil Sie sich nicht selbst unter Streß setzen, und diese Lockerheit führt in der Regel zu unverkrampften Bewegungen und damit zu viel erfolgreicheren Schlägen als erwartet. Vielfach ist es dann nämlich so, daß man viel länger oder viel genauer geschlagen hat als vorher geplant. Ist schon dies ein unübersehbarer Vorteil, so stellt sich mit Stärkung des Selbstvertrauens eine noch viel wichtigere Komponente ein: Ihnen glückt ja jetzt fast jeder Schlag in viel besserer Weise, als vorher angenommen. Was aber kann ein Spiel mehr beflügeln als solche positiven inneren Kräfte? Und abgerechnet wird bekanntlich immer nach dem letzten Schlag. Dann allerdings ist der Erfolg auf Ihrer Seite,

Seve, der stolze Spanier, wie ihn jeder kennt – in Siegerpose.

denn Sie haben vorher sehr viel dafür getan. Sehen Sie also ab von den spektakulären Schlägen auf der Runde, versuchen Sie nicht, Par zu spielen, wenn eins oder sogar zwei über Par sich innerhalb des Rundenplans als ausreichend erweisen. Sehen Sie das Spiel als Ganzes und nicht als das Ergebnis einer Reihe von persönlichen Meisterleistungen an bestimmten Löchern. Setzen Sie sich nicht selbst unter Druck. Vor allem beim Golf lassen sich Erfolge nicht erzwingen.

Nun ist förmlich Ihre Skepsis zu hören, die mit solchen »Rechenspielchen« nicht viel anzufangen weiß und die Ihnen zuflüstert, wenn das alles so einfach wäre, müßte sich jeder rasant in Richtung Handicap 0 entwickeln. Sie lassen dabei eine unbedingte Voraussetzung für den Erfolg dieser Methode außer acht, nämlich daß Sie sehr klar über die Stärken und Schwächen Ihres Spiels Bescheid wissen müssen. Wenn Sie es ernst nehmen mit Ihrem Spiel, dann sollten Sie Buch führen über alle Ihre Schläge – sagen wir einmal 30 Runden lang. Rein statistisch wissen Sie dann, ob Sie besser chippen als pitchen, ob Ihre langen Schläge eher nach links oder nach rechts drehen, wie viele Putts Sie pro Loch veranschlagen müssen usw. Solchermaßen gewonnene klaren Erkenntnisse über das, was Sie zu leisten oder nicht zu leisten imstande sind, sind das Fundament Ihrer persönlichen Rundenanalyse und ein entscheidender Schritt auf dem Weg zum erfolgreichen Spiel. Sie sehen schon, daß Betrug an sich selbst zu

nichts führt. Rechnen Sie nicht mit 2 Putts, wenn es tatsächlich 3 sind, die Sie pro Loch benötigen. Schon am ersten Loch ist es aus mit Ihrem Selbstvertrauen und Ihrem Rundenplan. Realistische Einschätzung, keine Selbstüberschätzung, darum ging es bisher. Aber selbst wenn Sie bisher alles richtig gemacht haben, sind Sie immer noch der Gefahr negativen Denkens ausgesetzt. Wenn ein guter Golfer einen 40-m-Pitch vor sich hat, so schaut er sehr genau aufs Ziel und schwingt dann instinktiv so weit zurück, daß der Ball die benötigte Länge bekommt. Wenn Bäume umspielt werden müssen, sieht er vorher schon den Ball die Kurve fliegen, richtet sich fast automatisch richtig aus und macht einen erfolgreichen Schlag. Schwierig wird es dann, wenn die notwendige Visualisierungs- oder Vorstellungskraft fehlt und damit Platz für negative Gedanken frei wird. Wenn Sie bereits am Abschlag fürchten, den Hook ins Aus zu schlagen, wird dies mit großer Wahrscheinlichkeit auch eintreffen. Sehen Sie vorher schon Ihren Ball im Wasser verschwinden, ist er so gut wie weg. Die innere Einstellung also bestimmt in hohem Maße über Erfolg oder Mißerfolg. Wie aber hat man sich das vorzustellen? Wenn Sie vor Augen haben, was gleich passiert, so überträgt sich diese Vorstellung auf das Unterbewußtsein. Und wenn dieses Ihre Idee oder besser Ihren »geistigen Befehl« akzeptiert in dem Sinne, daß es ihn für realisierbar hält, so beeinflußt es die folgende Handlung ganz entschieden. Das kommt daher,

Golf mental

daß das Unterbewußtsein alle Erfahrungen, die Sie im Zusammenhang mit Ihren Schlägen gemacht haben, gespeichert hat – also nicht nur positive, sondern auch negative. Solange Sie nun ein negatives Signal zum Gehirn schicken, was soviel heißt, daß Sie sich ein Bild von einem mißglückten Schlag anstelle eines geglückten machen, ist das Ergebnis Ihres Schlages negativ. Es sei denn, Sie senden bewußt ein positives Signal hinterher, so daß die negativen Gedanken ausgelöscht werden. Wenn negative Signale, mit denen sich jeder von uns auseinanderzusetzen hat, nicht durch positive ersetzt werden, dann landet der Ball tatsächlich im Wasser und der 60-cm-Putt rollt wie von Geisterhand gezogen am Loch vorbei. Denken Sie daran, daß Ihr Unterbewußtsein das ausführt, was Sie einprogrammieren. Programmieren Sie »ich schlage daneben«, werden Sie danebenschlagen; denken Sie »ich schaffe es wieder nicht«, werden Sie »erfolgreich« sein, indem Sie es wieder nicht schaffen. Auch ein Mißerfolg ist ein Erfolg. Gewöhnen Sie sich also an, statt an zurückliegende mißglückte Schläge positiv zu denken, »von Moment zu Moment«, und zwar auf der Basis Ihrer realistischen Selbsteinschätzung, damit Ihr Unterbewußtsein auch akzeptieren kann, was Sie ihm da befehlen.

Ihr Unterbewußtsein übt eine große Macht auf Sie aus, ohne daß Sie es merken. »Sehen« oder »fühlen« Sie Ihren Ball im Wasser verschwinden, weil Sie einen Driver gewählt haben, mit dem Sie stets einen Mords-Slice produzieren, so liegt die Lösung im Holz 3, von dem Sie wissen, daß Sie gerade sind, wenn auch mit etwas geringerer Länge. Dies weiß auch Ihr Unterbewußtsein und der Schlag gelingt. Ihr tatsächlicher Erfolg im Golf hängt also zu einem erheblichen Teil davon ab, inwieweit es Ihnen gelingt, bewußt die Barrieren abzubauen, die Sie in Ihrem Unterbewußtsein in bezug auf Ihre Golffähigkeit aufgebaut haben.

Was ist zu tun, um negatives Denken, Furcht vor dem Versagen und was da noch alles mitspielt, auszuschalten? Ein allgemein verbindliches Erfolgsrezept gibt es natürlich nicht. Aber es gibt etwas, womit Sie sich ganz bewußt aus dem inneren Krisenbereich entfernen können. Geben Sie sich diesem ganz hin! Gemeint ist die bereits beschriebene Routine vor einem Schlag, ist die Konzentration auf das, was Sie in diesem Augenblick zu tun haben. Wenn Sie sich also mental dahingehend eingestimmt haben, daß dies ein gelungener Schlag wird, der den Ball genau dorthin bringt, wo Sie ihn haben wollen, so vergessen Sie alle ablenkenden Aspekte wie »dieser Schlag ist jetzt der wichtigste von allen, jetzt entscheidet sich die Clubmeisterschaft« usw. und richten Sie Ihr ganzes Augenmerk auf das Nächstliegende. Sehen Sie den Ball vor Ihrem geistigen Auge fliegen und im Zielgebiet landen, gehen Sie gewissenhaft Ihre Zielansprache und die einzelnen Ansprechpositionen durch. Konzentrieren Sie sich völlig auf Griff, Stand und Lage des Balles; damit geben Sie negativem Denken keine Chance.

Vor diesem Hintergrund wird erklärlich, weshalb es viele Spieler gibt, die darüber klagen, daß ihr Schlag immer dann miserabel ist, wenn sie ihn am allerbesten machen wollen. Wir alle leiden unter dem nervlichen Druck des Spiels. Viele fürchten, daß ihre Konzentrationsfähigkeit zu früh nachläßt, und spielen jeden Schlag viel schneller als üblich. Bei anderen erkennt man die Absicht, alle Möglichkeiten auch auszuschöpfen. Je länger Sie über den Schlag brüten, desto langsamer wird Ihr Spiel. Sie setzen sich selbst zu stark unter Druck mit der

Folge von Verkrampfung und auch der Unfähigkeit, die eigenen Schläge nicht mehr so exakt einschätzen zu können, wie das während eines Freundschaftsspieles möglich ist. Dagegen hilft – und dies ist das einhellige Rezept aller Spitzenspieler – am ehesten eine festgelegte Routine. Folgen Sie vor jedem Schlag einem methodisch genau festgelegten Countdown. Treten Sie hinter den Ball und stellen Sie sich vor, wie er fliegt oder ins Loch rollt. Gehen Sie ruhig und gelassen zur Ansprechposition, machen Sie stets die gleiche Zahl von Probeschwüngen, schauen Sie nach einem bestimmten Muster immer wieder zum

Ziel. Alles vor dem Schlag muß einem eisern einzuhaltenden Raster folgen. Nur bei voller Konzentration darauf können Sie einigermaßen sicher sein, mit Ihren Gedanken nicht fremdzugehen.

Ausdrücklich weisen wir auf »Mentales Training« von Porter/Foster hin, einem Buch von Sportlern für Sportler. In ihm finden sich nicht nur Anleitungen, wie man eine Golfrunde aus mentaler Sicht angehen sollte, sondern vor allem wird ausgiebig darauf eingegangen, wie man negativem Denken zu begegnen hat und speziell, welche positiven Aspekte man dagegenhalten soll.

Literatur

BALLESTEROS, SEVE: Natural Golf. London 1988

CHAMBERLAIN, PETER: Lehrbuch Golf. München 1985

HOGAN, BEN: The Modern Fundamentals of Golf. London 1957

KELLEY, HOMER: The Golfing Mashine. Seattle 1982

KOSTIS, PETER: The inside path to better Golf. New York 1982

LANGER, BERNHARD: Putten leicht gemacht. Hamburg 1987

MORGAN, JOHN: Golf – vom Anfänger zum Könner. München 1978

NICKLAUS, JACK: So spielte ich Golf. Hamburg 1974

NICKLAUS, JACK: Der Schwung. Hamburg 1986

NORMAN, GREG/PEPER, GEORGE: Top Golf mit Greg Norman. München 1989

PORTER, KAY/FOSTER, JUDY: Mentales Training. München 1987

RUNYAN, PAUL: Das kurze Spiel, Ihr Weg zum Erfolg. Starnberg 1982

TOSKI, BOB: How to become a complete Golfer. New York 1984

WATSON, TOM: Die neuen Golf-Regeln. Hamburg 1985

Video

JACK NICKLAUS: Golf – Mein Spiel. *Bild am Sonntag* – Videothek

JACK NICKLAUS: The greatest 18 Holes. CBS/Fox Company 1988

Weitere BLV Bücher – für Sie ausgewählt

Peter Chamberlain

Lehrbuch Golf

Vom kurzen Spiel zum korrekten Schlag:
Technik, Taktik, Ausrüstung, Kondition und
Training des Golfspiels.
157 Seiten, 230 Farbfotos, 110 Zeichnungen

BLV Sportpraxis 228
August Neumaier/Elke Zimmermann

Richtig Konditionsgymnastik

Wirkungsweise, Variationen, Übungen mit
Trainingsprogrammen und Konditionstests.
2. Auflage, 127 Seiten, 190 Farbfotos,
7 s/w-Fotos, 21 Zeichnungen

BLV Sportpraxis 217
Dieter Melzig/Martin Sklorz

Richtig Fitnesstraining

Gesundheit und Medizin, Trainingsgrund-
sätze, Trainingsaufbau und -formen, Aus-
dauer, Beweglichkeit, Spiele, Fitlife-Pro-
gramm ABS 90.
3. Auflage, 127 Seiten, 46 Farbfotos,
55 s/w-Fotos, 25 Zeichnungen

BLV Sportpraxis 238
Adolf Roy

Richtig Fitnessgymnastik

15 Fitnessprogramme mit Einzel-, Partner-
und Geräteübungen für jedes Alter, die die
Gesundheit stabilisieren und zur Verbesse-
rung der allgemeinen Kondition beitragen.
127 Seiten, 126 Farbfotos, 188 s/w-Fotos,
4 Zeichnungen

Gabe Mirkin

Die Dr. Mirkin Fitness-Sprechstunde

Der sportmedizinische Ratgeber, der jedem
Sportler hilft, sein individuelles Fitness-
Programm zu entwickeln, neue Disziplinen
kennenzulernen sowie Sportunfälle und
Verletzungen zu vermeiden.
224 Seiten

James E. Loehr

Persönliche Bestform durch Mentaltraining

für Sport, Beruf und Ausbildung: mit den
Techniken des Visualisierens, der Selbstmo-
tivation und Muskelentspannung zur eigenen idealen Leistungsform. Dieses Buch
bietet allen Athleten und Trainern ein wett-
kampfbewährtes, vollständiges Programm,
um die so entscheidende innere Fitness
aufzubauen und auch im Alltag höchste Anforderungen zu meistern.
192 Seiten, 14 Zeichnungen

Robert Haas

Die Dr. Haas Leistungsdiät

für Sport, Gesundheit und Fitness: gezielte
ernährungswissenschaftliche Anleitungen,
erprobte Ernährungsprogramme, sport-
spezifische Diät-Pläne, umfangreicher
Rezeptteil.
8. Auflage, 234 Seiten

In unserem Verlagsprogramm finden Sie Bücher zu folgenden Sachgebieten:
**Garten und Zimmerpflanzen · Natur · Haus- und Heimtiere · Angeln, Jagd, Waffen ·
Sport und Fitness · Pferde und Reiten · Wandern und Alpinismus · Auto und
Motorrad · Essen und Trinken, Gesundheit · Basteln, Handarbeiten, Werken.**
Wünschen Sie Informationen, so schreiben Sie bitte an:
BLV Verlagsgesellschaft mbH, Postfach 40 03 20, 8000 München 40

BLV Verlagsgesellschaft München